大山民医

耿学贵 ◎ 著

中国出版集团　现代出版社

图书在版编目（CIP）数据

大山民医 / 耿学贵著. -- 北京：现代出版社，
2022.9
ISBN 978-7-5143-9950-9

Ⅰ.①大… Ⅱ.①耿… Ⅲ.①王文祥–传记 Ⅳ.
①K826.2

中国版本图书馆CIP数据核字（2022）第160584号

大山民医

著　　者　耿学贵
责任编辑　杨学庆
出版发行　现代出版社
地　　址　北京市安定门外安华里504号
邮政编码　100011
电　　话　010-64267325　64245264（传真）
网　　址　www.1980xd.com
印　　刷　成都现代印务有限公司
开　　本　880mm × 1230mm　1/32
印　　张　11.25
版　　次　2023年1月第1版　2023年1月第1次印刷
书　　号　ISBN 978-7-5143-9950-9
定　　价　68.00元

文 / 张作哈

　　大凉山是我的故乡，这里有波澜壮阔的红色历史，有蕴藏丰富的自然资源，有绚烂多彩的民族文化，这里的高山厚土养育了千千万万勤劳智慧的各族人民，涌现了许许多多优秀卓越的各类人才，而我的老乡和同学王文祥就是一位在传统中医领域卓有建树的人。

　　王文祥出生于越西县河东乡联新村的中医世家，他始终心怀承祖学医的梦想，从小挖药学药、随父问诊，文革后期被推荐到凉山共大学习，因成绩优异，毕业时留校任教，并曾师从中医名医余恩梅。他二十余年如一日，克服政治打压、前妻病故等人生逆境，坚持边教学、边实践，边科研、边医疗，由名不见经传的普通医生一步步成长为全州乃至全省骨科医学的有名专家。他融会贯通把脉诊断、推拿按摩、手法复位、点穴治疗、针灸调理、中草药运用等传统中医诊疗方法，坚持用"一双手、一根针、一把草（中草药）"为群众治病，更通过多年科研，独创了中草药治疗骨髓炎的方法，为国内外成千上万的患者解除了病痛，受到广泛赞誉，被老百姓口口相传为"一看就灵、一摸就好"。

在王文祥四十余载的行医生涯中，他始终不忘"当一方医生、治一方病人、济一方百姓"的初衷，他创办王氏骨科医业集团，以严格的标准、精湛的医术、良好的医德医风和优质的服务在更大平台为更多患者除病解忧；他积极投身扶贫慈善事业，帮人助人、广施善举，努力践行一名企业家的社会责任；他是民族团结的模范，学彝语、用彝语，与彝族病人交流沟通，并为许多困难的彝族病人免费治疗。他先后被评为四川"5·12"汶川特大地震抗震救灾先进个人和感动凉山新闻人物。

在与癌症抗争多年后，王文祥离开了我们，但他追逐梦想、砥砺奋进的拼搏精神始终激励着我们，他勤奋好学、刻苦钻研的治学态度始终勉励着我们，他大医精诚，悬壶济世的行医之道始终感动着我们，他充满正能量，造福老百姓的行善之举始终感召着我们，他用心血和生命书写了一部奋斗人生的励志传奇，谱写了一曲平凡人不平凡的人生赞歌。幸运的是，由耿学贵同志所著的反映王文祥传奇人生的文学传记《大山民医》即将出版，书中对其跌宕起伏而又精彩纷呈的一生有着大量的回忆和细致的描写。通过此书，我们能够重温过去，共同追忆昔日经历的往事，也能够有所启迪，从王文祥的奋斗经历中汲取前行的力量。

谨以以上文字表达我对王文祥先生的追思，并对耿学贵先生辛勤执笔表示敬意！

张作哈

2019年11月

（作者系四川省人民政府原副省长）

大山民医

序言

CONTENTS ◎ 目 录

大山民医

目录

大山民医

目录

大山民医

目录

3

大山民医

目录

第一章

多难生世

中华民族上下五千年，历尽忧患战乱而不败，饱经苦难沧桑而不衰，惨遭踩蔺践踏而不垮，始终生生不息，不屈不挠，英勇顽强地屹立于世界民族之林。可以说，王氏家族就是其中的一个典型代表。

明末清初以来，王氏家族从大荣大悲、大起大落、大灾大难的血雨腥风中一路顽强走来，演绎了一曲艰辛豪迈、悲欢离合的家族壮歌。

真可谓：

国兴家旺族鼎盛，国破家亡人遭孽。

历尽劫难志犹在，九死一生重发迹。

第一节　中医世家

有诗为证：

　　历数江山兴亡史，国破天倾家何立？

　　始祖何曾不风光，转瞬惨遭大杀劫。

　　只身逃难不毛地，世代行医重发迹。

　　祖父遇害父撑天，少小当家再兴业。

　　悬壶济世祛民疾，品德堪比松高洁。

　　国家，国家，顾名思义，家与家之总和而谓之国家。国与家历来是一个唇齿相依、不可分割的整体。国之不存，毛将焉附？几千年的中国封建社会，历朝历代概莫能外，始终难以跳出国兴家旺、国破家亡的历史怪圈。明末清初以来王氏家族的兴衰，在一定程度上可以说是中国近代历史兴衰的一个缩影。

　　王氏家族祖籍湖北省麻城县孝感乡，始祖王自民，明朝末年为朝廷武官，在外镇守边关，后奉命回朝担任皇帝侍卫，时刻护驾于天子左右。君令天下，将镇一方，荣宗耀祖，好不风光！只可惜昙花一现、好景不长，明朝灭亡后，唇亡齿寒，落难为寇，惨遭清军追杀。王自民携家带口逃难到"蜀道难，难于上青天"的天府之国四川，避难隐居于大邑县樵家坝，在这里兴建集市、街道，从业经商，一时客商云集，生意兴隆，热闹非凡。但不久又被清军围堵追杀，其家人全被赶尽杀绝，王自民孤身一人，再度逃难到诸葛亮"五月渡泸，深入不毛"的穷乡僻壤——大凉山越西县落脚避难。这里大山莽莽，偏僻荒凉，世代与世隔绝。

越西古称越嶲，始治于西汉，设置为郡。古字典对"嶲"字的注释为：专用于越嶲县名。史传三国时为抵御外侵，由朝廷拨款，用一色的青石修筑了坚固的城墙，史称越嶲古城。古城小巧玲珑，形如乌龟，俗称龟城。明时城墙破旧，当政者奏报朝廷，呈请拨款修缮，在奏折中误将一色青石所建错写为一个青石所建。皇帝在审阅奏折时大笔一挥，信手批道："一个青石所建，区区小城，何以设郡？"遂下旨降郡为邑。

越西地处南丝绸之路的零关古道，大凉山北部。县城南面的金马山石壁上现今仍刻有"零关"两个

大字，相传为清乾隆皇帝亲笔御题。这里四周大山高耸入云，天堑林立，雄浑叠嶂。中间部分为狭长的平川地带，素有越西坝子之称，从南到北分别座落着大瑞、中所、城关、新民四座历史古镇。越西河由南向北，像一条洁白的哈达，宛延透迤，咆哮欢歌，穿境而过。境内山川壮丽，土地肥沃，人杰地灵，物产丰茂，人民勤劳纯朴、粗犷豪放，生产自给自足，悠然自成一统小天地，一个神秘壮美的世外桃园。任凭山外风云变幻，朝代更替变迁，人们依旧是日出而作，日落而息，世代繁衍绵延。

区区不毛地，人杰甲天下。越西古时曾诞生过一位与孔子齐名、德仪华夏的辉煌历史人物——文昌星，即文昌帝君。史称北孔子，南文昌。文昌帝君原名张亚子，晋代生长于越嶲，成年后迁至四川省绵阳市梓潼县讲学、传教授业，其品德学识与教化在全国学士文人中的地位与影响不亚于孔子。死后历代帝王与民间将其尊崇为天下学士文人的典范，加封为掌管教育考制、文人利禄的天人合一的文昌星、文昌帝君，在全国各地大建文昌庙，世代祭祀供奉传颂。

越西原住民族以彝族为主，彝汉杂居。汉民族多为明清时期迁徙而至。明朝"张献忠填四川"，汉民由湖广一带大量迁入。清朝石达开率领的太平天国起义大军在大渡河安顺场（时为越西属地，50年代划归石棉县管辖）河畔被清军剿灭后，其逃散人员大多流落隐居于越西、甘洛、石棉一带。

王自民逃难到越西县一个叫大水铺的地方后，在这里重新娶妻成家，以开烧房烤酒为生，扎根定居，并有了儿孙。王自民年老病逝后，其孙子王思琦到中所坝（今中所镇）上门，与侯家开亲，娶侯氏为妻，王氏后人从此在中所世代繁衍生息。

中所位于越西坝子南面的金马山下，一条暗河从金马山底奔泻而出，河水一年四季清澈见底，恍如一条金镶银嵌的玉带，一路飘逸欢歌，世代奔腾不息，由南向北汇入越西河。河中碧波荡漾，鱼跃鸭欢，戏水斗浪；两岸村落叠嶂、炊烟袅袅，绿柳成行；坝上良田万顷、稻谷飘香，牛羊肥壮；天空鸟雁成行，雄鹰展翅，迎风翱翔，宛若一幅钟灵毓秀的山乡风景画。

王家在中所世代行医治病，家境十分富裕，日子过得太平安稳。遗憾的是，时至太祖王全富、曾祖王廷槐和祖父王国安这三代时，因家道变故经历了三起三落、三衰三兴的艰难历程。

太祖王全富不幸中年病亡，丢下妻儿四人：太祖母和大曾祖王廷喜、二曾祖王廷福、三曾祖王廷槐（王文祥曾祖父）。因丧失家庭经济支柱，幼儿寡母，家境日渐败落。

曾祖父王廷槐自幼读私塾多年，后随父亲王全富学医，成年后娶沈氏为妻，生有大祖父王国斌、二祖父王国清、三祖父王国安（王文祥祖父）三子。1902年沈氏中年病亡，王廷槐只好带着王国斌、王国清去盐源县一边行医一边淘金，几年间成为了富翁。不幸的是王廷槐其后因患伤寒，病亡于盐源。

祖父王国安8岁丧母，曾祖父一人无力抚养，因河东乡小王家屯村一户人家的养母系王家人，便抱给这户人家作养子。祖父在这户人家受尽百般虐待，吃尽苦头，18岁时不得不自立门户，从小王家屯村搬到关地村居住，靠祖传医术行医治病，发家致富。凭借其聪明天赋和刻苦勤奋，潜心钻研祖传医术，四处行医治病，由此发家致富，成了远近闻名的一方民医和新贵。这户人家的几弟兄为争夺其家产，心生邪念，遂于1934年将祖父王国安残忍杀害，时年仅33岁。

在那个官府黑暗、盗匪横行、暗无天日的旧世道，百姓有苦无处诉，有冤无处申，哭天不应，叫地不灵。祖母冯氏一面请人打官司，一面请端公、巫婆、神汉装神送鬼几个月，祖父所挣家产被耗费一空，官司也不了了之。祖母由此愤极而病，一卧不起，丢下四个孤苦年幼、无依无靠的子女撒手人寰。老大王炳坤（王文祥父亲）年仅13岁，老二王炳能年仅8岁，老三王炳芬（女）年仅6岁，老四王小玖年仅3岁。

面对祖父被害、祖母愤亡、家道衰败的沉重打击，年幼的父亲怀着极大悲痛，先后安葬好祖父母后，独自一人挑起抚养三个年幼弟妹的生活重担。为减轻家庭压力，15岁时便与河东村冯学曾13岁之女冯道陈结婚成家，共同养家糊口。夏天他俩给人当长工种地，冬天赤脚上山背煤炭卖，过着衣不蔽体、食不裹腹的孤苦生活。当地人一提起王家的这段辛酸史，都用"悲惨"二字来形容。那时人们的生路均如泥菩萨过河——自身难保，只有在内心深表同情。

时为县保安团长廖春波的夫人，便是二祖父王国清的女儿、父亲的堂姐。一次，父亲去县城卖煤炭，路遇堂姐身骑高头大马，衣着绫罗绸缎，面饰浓妆粉黛，一派贵夫人打扮，威风凛凛，迎面而来，父亲慌忙避让在道边，堂姐忽见堂弟身背煤炭，衣衫褴褛，蓬头垢面，一身乌黑，气喘吁吁的惨相，

顿觉颜面大失，恼羞成怒，"叭"的一声，一叭口水吐在父亲脸上，头也不回，径直扬长而去。又一次，父亲为大祖父种植鸦片，成天从早到晚披星戴月，苦累不堪，他们全家吃香喷喷的白米饭，却让父亲吃残汤剩水和猪食。王家其他爷爷、叔叔、嬢嬢们也都嫌其兄妹落难贫穷，纷纷避而远之。唯有高祖母念其兄妹四人孤苦可怜，含泪手把手地向父亲传授祖传医术，望其借以养家糊口，改变命运。父亲由此继承祖业，走上了行医治病的道路。

父亲虽只上过几天私塾，但自幼聪明能干、脑子灵、悟性好，他在实践中边学习、边治病、边摸索，举一反三，不断总结提高，久而久之，当地找他看病的人越来越多，名气越来越大，成了越西远近闻名的乡间名医，全家生活日渐富裕。

他身处社会底层，深知贫苦百姓无钱治病的痛楚，为人治病从不计较报酬，病人有钱的给钱，无钱的给米，钱米都困难的分文不取，在当地百姓中有着良好的口碑，深受群众爱戴。有人专门编了一首民谣来赞颂他：

乡村民医一枝花，刻苦自学成名家。

父母双亡独撑天，弟妹养育全赖他。

治病不问贫和富，报酬不论无与寡。

风来雨去苦为乐，德高医精人人夸。

　　解放土改时，家庭成分被划分为上中农，父亲被政府吸收为乡卫生院半脱产医生。他尽职尽责、勤勉工作，多次被评为先进。"文革"期间家庭成分又被上升为富农，父亲被取消半脱产医生资格，开除回家监督劳动。虽然还让他看病，但均由人押着，开药方时他只能口述，由别人代开，没有处方权。随后造反派又说他私藏银子，先后数次来人抄家，将家中地下的泥土挖了一尺多深，里里外外翻了个遍。后又将他关进"牛棚"进行隔离审查，逼其交出银子。"文革"后政府为其平了反，重新恢复了半脱产医生资格，继续为群众治病，晚年告老还家，颐养天年。

　　父母一生共养育了六男一女七个子女，王文祥排行老二。在建国初期条件艰苦、生活清苦的情况下，父母几十年如一日，含辛茹苦地供养兄妹七人上学读书，全都培养成才，成家立业，并且都有了儿孙。全家老少多达50余人，可谓功成名就，儿孙满堂，人丁兴旺。

　　父亲85岁生日时，将儿孙们叫在一起，告诉了他们一个惊天秘密：1959年建房时，他和母亲确实藏有银子在堂屋中的墙壁内，外面嵌有石头做记号。

他说这是作为父母留给儿女们的微薄遗产。当即叫大家用锄头将墙壁上的石头记号处挖开，果然一大包黑呼呼的银子坨坨展现在大家面前，拿出来一数整整五十六砣，兄妹们每家各分得8砣。

1995年，母亲积劳成疾，不幸身患重病，长期卧床不起，与世长辞，终年73岁。2010年父亲溘然长逝，终年90岁。他行医治病70余年，救死扶伤无数，德高望重，村上隆重举行了追悼大会，远近群众上千人前往哀悼送葬。被誉为："悬壶济世，一代民医"。

这正是：

世事沧桑运多舛，国乱家亡人遭厄。

生生不息医为业，三起三落重发迹。

第二节　国庆降生

有诗为证：

> 长夜漫漫路何寻？镰刀斧头开新天。
>
> 挥师南下大进军，横扫残云如卷席。
>
> 彝汉欢歌颂翻身，嗷嗷喜诞国庆节。
>
> 与生共长同忧患，百废待兴多磨砺。
>
> 定国安邦铸伟业，儿孙享福可知惜？

王文祥的生日是一个具有特殊历史意义的光荣日子，与凉山和越西解放同年，与新中国诞辰同日。这是老天在冥冥之中的特意安排？还是偶然的历史巧合？但这都不重要了，因为它已经成为了历史的永恒。

1949年10月1日，伟大领袖毛泽东主席在北京天安门城楼上向全世界庄严宣告："中华人民共和国成立了！中国人民从此站起来了！"1950年初，中国人民解放军总司令朱德向全军发出了"乘胜前进，

解放全中国"的命令，解放大军如铁流滚滚，千里转战，南下入川，在解放省会成都后乘胜南进，一举歼灭了盘踞川西南一带的国民党胡宗南匪军残部，解放了四川全境，同年10月凉山宣布解放。

凉山是中国西南最大的彝族聚居区。全国彝族主要分部在四川、云南、贵州、广西等省区，其中凉山占据其总人口的近一半左右。从新民主主义革命时期到建国后，彝族人民中先后涌现出了罗炳辉、龙云、张冲、卢汉、伍精华等一大批优秀代表人物。其族名历来叫法不统一，有称夷族、有称保保族。因此有着由毛主席亲自为之改名的奇闻美传。1949年原全国政协副主席张冲作为全国十位少数民族代表之一，参与第一届全国政协会议的筹备工作。毛主席在审阅委员登记表时，发现其民族一栏填写的是夷族，毛主席便找到张冲说："夷字带有歧视性的含义，作为民族名称不太好。在中国共产党领导下，各民族不分大小，都是中华民族大家庭中的平等一员，不应有夷内之分，建议改为彝族。"并解释说："彝字古代是王宫里用来盛装东西的器物，彝字上部形如房子，房子下面有米有丝，意味着有吃有穿，过好日子。"张冲听后非常高兴，欣然表示同意，全国夷族由此正式统一改名为彝族。

凉山在中国革命史上有着不可磨灭的特殊贡献。1935年中国工农红军先遣团代表刘伯承与彝族首领小叶丹举行了著名的"彝海结盟"，从而打破了国民党反动派的重重包围堵截，使红军顺利通过彝区，挥师北上。

越西同样是一个具有光荣革命传统的县份。1933年，越西便建立了第一个地下党组织——中共越西县乡村师范支部，党支部负责人廖质生（1925年在武汉由中共早期青年运动领导人恽代英介绍入党）。在党的影响下，1934年，越西暴发了反抗国民党黑暗统治的万人农民大起义，史称"蒋明渊闹事"。在国民党反动派的残酷镇压下，起义失败了。以吴文彬、蒋明渊为首的一批仁人志士被旋于剜心、车裂、活剐、倒挂金钩等酷刑残酷杀害。但起义在全县广大人民群众中产生了深远的革命影响。1935年红军长征经过越西时，广泛宣传发动群众，打土豪、分田地、闹革命，在此播下了革命火种，重新点燃了全县人民的革命激情，全县1000多名受苦受难的彝汉族热血青年毅然参加红军，北上抗日，转战南北（注：后来大多在抗日战争和解放战争中光荣牺牲，建国后生存下来的仅三十余人。其中包括原凉山副州长陈占英、王海民，原凉山州政协副主

席潘占云、王作义）。从此全县人民一直在黑暗中盼星星、盼月亮，盼共产党领导的朱毛红军何时打回来？盼穷人的苦日子何时才出头？凉山和越西解放的消息一传开，全县上下欢声雷动，彝汉人民奔走相告："当年的共产党、毛主席回来了！红军回来了！越西人民翻身解放了！"

新中国的成立和凉山的解放，这是中华民族和凉山历史上开天辟地的大事件，标志着千百年来反动统治阶级压迫奴役人民的黑暗社会一去不复返了，标志着历史进入了人民群众当家作主的社会主义新社会。千年铁树开了花，万年枯木发了芽，漫漫长夜成过去，乌云散尽见太阳，彝汉人民岂能不欢欣鼓舞，喜笑颜开？岂能不载歌载舞，普天同庆？

国庆当天，清晨还下着毛毛细雨，早饭后天空云开雾散，艳阳高照，为节日增添了喜庆气氛。河东乡小王家屯村的男女老少同全县人民一道，身着节日的盛装，举着红旗，兴高采烈、欢天喜地去县城参加庆祝大会，全村上下，千人空巷，史无前例。

王炳坤因为妻子身怀六甲在家待产，原本打算既不进城，也不外出看病，在家照顾妻子。可是刚吃过早饭，便听见有人敲门，他开门一问，是邻村有人生病，专程来请他去看病。有请必往，有病必看，这是他多年行医治病的规矩。于是不由分说，提起药箱便随来人前往。中午时分，等他看完病后回到家时，妻子已经顺利地为他生下了一个白白胖胖的小男孩，是孩子外祖母和邻居老婆婆一道接的生。他喜不自禁，立马将小孩抱在怀里仔细端详，要见小孩前额丰满，头发乌黑，面容红润，眉清目秀，两眼炯炯有神。因为既逢国庆和越西解放，又逢小孩降生，还为别人治病做了善事，四喜临门，心情分外高兴，平时五音不全的他，情不自禁地哼起了当地的民间小调，抑扬顿挫，心花怒放。下午他特意买了一串鞭炮，又吩咐外婆多做了几个下酒菜，全家喜气洋洋、其乐融融地边放鞭炮边吃庆生饭，热热闹闹地庆祝小孩的诞生和越西解放。

入夜，满天星光闪耀，向大地直眨眼睛，村前村后鞭炮齐鸣，欢歌笑语，人们似乎在热烈欢庆国庆和越西解放的同时，也在欢庆小家伙的降临。

外婆催促王炳坤说："你当爹的只顾高兴，还不赶快给小孩取个名字。"当时，老百姓时兴用刚刚接触到的一些新社会的新名词来给小孩取名，以表达人们对新社会的热爱与拥戴。当时就有分别取名为红军、八路军、金全、胜利、长江的，串联起来便成了"红军、八路军牵着军犬胜利渡过长江"的

趣闻。王炳坤不是人云亦云的人，自有其独到见解。他沉思片刻后说道："中国人取名还是以传统的三字为好。前面一字代表姓氏，中间一字代表辈份，后面一字代表含意。王家的姓氏为王，故其前面的姓氏应为'王'字；王家在孩子这一辈的辈份是文字，文既代表辈份，又代表有文化，生在新社会的孩子必须要有文化，故中间一字为'文'字；后面一字，我意用祥和的'祥'字，我们老一辈在旧社会吃尽了苦头，好不容易才盼来了新社会，因此希望国家祥和，人民祥和，社会祥和，家庭祥和，孩子祥和。以上三字连起来就叫王文祥，你们觉得怎样？"外祖母和妻子连连说："好！"王文祥的姓名就这样正式定了下来。在他之前，王家已生有一个男孩，排行老大，为大哥，他排行老二，为二哥。

一方水土，养育一方人。世界有犹太人，中国有温州人，四川有仁寿人，凉山有越西人。越西独特的地理、自然条件，厚重的历史、人文环境，孕育了越西人勤劳吃苦、刚毅果敢、粗犷豪放、干练泼辣、争强好胜、热情好客的特性。在凉山一说起越西人，人们的评价不外乎是两句话："凉山的犹太人"，"遇到三个越西人，年都过不成。"其含意即越西人特别耿直、特别勤劳、特别吃苦、特别能干、特别好客，过年过节都不安于休息，都在四处奔波打拼。

特有的传统因素、家庭因素和社会因素孕育了王文祥勤奋好学、吃苦耐劳、善良淳朴、坚韧顽强、矢志不渝，锲而不舍的特殊个性，这对他一生的成长发展无疑起着潜移默化的催化剂作用，也是他一生艰难困苦，玉汝于成，铸就骨医大业、走向人生辉煌的奥秘之所在。

越西人之所以谓之越西人，王文祥之所以谓之王文祥，水土异也！家庭是也！时代造就也！

生在解放年、国庆日，长在新社会、红旗下，与新中国同生长共忧患。与生长在旧社会的人相比，王文祥认为自己是幸运的，免遭了那个时代所经受的黑暗剥削与压迫、社会动荡与战乱。与生长在当今这个年代的人相比，他感到又有着另一番幸运与不幸。幸运的是那个时代天是蓝蓝的，水是清清的，山是绿绿的，太阳是明亮的，空气是清新的，环境是没有污染的，国家和民族是空前安定团结的，世道是公平正义的，干部是清正廉洁的，人民是真正当家作主的，党心军心民心是心心相印的，人与人之间的关系是真诚友善的，社会是奋发向上的。不幸的是，没有享受到这个年代的人所享受的丰富的

物质文化生活。建国之初，国家经历了长期的社会动荡与战争创伤，满目疮痍，百废待兴，因此必然要经历一个长期艰苦创业的过程。生长在那个年代的人，注定要吃很多苦，受很多累，遭很多罪。但是，如果没有当初创业之艰辛，何来今日之甘甜？

这正是：

建国之日喜诞辰，既庆国庆又庆生。

新国新人新社会，苦辣酸甜伴终生。

第三节　洪水迁家

有诗为证：

百年不遇大洪水，吞天掠地滚滚吼。

王家老幼齐逃难，惊魂不定忧忡忡。

异地搬迁建新居，茅棚喜换土高楼。

团结抗灾创奇迹，大灾之年夺丰收。

越西是大凉山一个洪水和泥石流自然灾害频繁的山区县。在老一辈人的记忆中，1958年是凶舛笼罩、大灾大难的特殊年份。其危害规模之大，受灾范围之广，破坏程度之惨烈，损失之严重，为历史所罕见。

6月，连续下了三天三夜的大暴雨，爆发了百年不遇的特大洪水灾害。素有小粮仓之称的越西坝子成了一片汪洋，洪水夹杂着巨石、泥沙，卷天席地，滚滚而来，方圆数十里范围内的村庄、民房和庄稼全数被淹，许多民房转瞬被毁，大量粮食、牲畜、

树木被吞噬一空。洪水退后，放眼望去，到处是残垣断壁，乱石河滩，满目疮痍，一片废墟，这似乎是大自然对越西人民的执意发难与考验。出人意料的是，当年粮食生产却破天荒地达到了历史最高水平，这似乎又是大自然的特意补偿与回馈。大灾之年变为粮食生产的大丰收之年，这又是越西历史上的一大奇迹。真可谓：

　　老天发难人努力，团结抗灾夺丰年。

　　上帝有知当感慨，人民当家力胜天。

　　河东乡地处越西坝子东北面的东山脚下，前面是平坝粮田，日夜奔腾的越西河从平坝中间穿流而过。村落分散坐落在山腰与平坝接壤之间。山顶是黑色煤乡，山坡是绿色森林，坝上是高产农田，河中盛产鱼虾，被誉为全县的一块"宝肋肉"，素有"鱼米之乡"和"小台湾"之美称，女人婚嫁都以嫁到河东为荣。

　　解放后，王家一直在关地村居住。姊妹七人，加上父母和外太祖、外婆，全家共11人，长期拥挤在祖父解放前修建的60平米的三间草房中。房屋年久失修，阴暗潮湿，破烂不堪。雨天外面下大雨，里边下小雨；夏天闷热不堪，酷暑难耐；冬天冰封雪冻，寒风刺骨。可就是这样一个简陋寒酸的茅草房，在洪灾中也未能幸免于难。

关地村坐落于河东乡南面的平坝中央，紧靠越西河边，且灾害发生在深夜，首当其冲，损失尤为惨重。田地、庄稼悉数被淹，民房家产大多被洪水卷走。夜半三更，在一片漆黑之中，全村到处是哭喊声和呼救声，家家户户携老扶幼，纷纷爬到楼上、树上和房顶上逃生。平日的良田和村庄成了翻江倒海，奔腾咆哮，摧枯拉朽的滚滚汪洋。倘若你身临其境，方能领略到大自然发怒的威力是何等之惊人，人类在大自然面前是何等之渺小。

王文祥家的草房全被浸泡在齐腰深的洪水之中，姊妹几人在睡梦中被父母叫醒，慌忙穿上衣服，在生产队的统一指挥和邻居的帮助下，火速收拾起贵重物品和临时生活用品，摸黑慌忙爬到邻居家的碉楼上去避险。全家人刚转移到邻居楼上，转瞬之间，只见自家的草房轰然倒塌在洪水之中，姊妹们吓得目瞪口呆，浑身直打哆嗦。洪灾过后，全家临时在木头和谷草搭建的草棚里居住。因关地村地势低洼，离越西河太近，易受洪水侵害，经父母反复商量，决定搬迁回原老家所在地小王家屯村重建。

当时越西农村的住房全是土木结构的小青瓦屋，即就地取土筑墙，用木料做房梁、檩子、椽子、楼

板及门窗，用当地小瓦窑烧制的小青瓦盖房面，劳动力采取村民换工互助的方式解决，自修自建。1958年下半年，王文祥家凭借其父行医治病的积蓄，在迅速做好筹建准备的基础上，正式开工修建。

建房先是修筑墙基，接着是打筑土墙和安装木头房梁，最后是盖瓦封顶。筑墙基，即按照房屋结构的基础轮廓，依次开挖宽深一米左右的地沟，然后用质地坚硬的石块砌平砌牢，作为房基。筑墙用木制墙板一板一板地打筑。墙板一般高1尺、宽1.5尺、长5尺左右。筑墙的质量要求较高，泥土干湿要适度，太干了缺乏黏性，太湿了会裂口。筑墙必须夯实夯紧，筑正打直，否则易发生松动、偏斜和垮塌。

王文祥及兄妹因年幼无力干重活，按照父母安排，白天帮助做一些烧火煮饭、洗菜洗碗之类的杂活，晚上负责守夜，看管工地。

经过半年左右的紧张修建，王家终于在当年建起了三间三层土木结构的楼房和四间平房。在经历了大自然的浩劫之后，全家在国庆节暨文祥生日前夕，喜气洋洋地搬进了新居。

这是王文祥有生以来所经历的第一次迁徙，从一个熟悉的环境到一个陌生的环境开始新的生活，

在其幼小的心灵中留下了两个难忘的印象：

其一，自然可怕。人类只能敬畏自然，只能顺应和防范、利用自然，而不可违逆自然，否则必然遭致大自然的惩罚报复。

其二，人情可贵。洪水无情人有情，人间处处有真情。两地生产队领导和社员群众在抗灾救灾和搬迁建房中所表现出的团结互助、同甘共苦、互相支援的深厚友情，在其幼小的心灵中留下了深刻难忘的印象。

山不转水转。1958年王家回到老家小王家屯村修建新居，最后又转回到了耿家几兄弟所在的同一生产队。但其几兄弟均已先后病亡夭折，王家与耿家后人照样和睦相处。这在冥冥之中也似乎正好应验了老祖宗的那句老话：善恶终有报。

这正是：

　　洪水无情人有情，团结互助建新房。
　　告别洪灾遇粮灾，好景不长又饥荒。

第四节　困难年代

有诗为证：

> 六十年代闹饥荒，国历危难民遭殃。
>
> 美苏封锁釜抽薪，天灾人祸雪加霜。
>
> 上下齐刮冒进风，共劳共产共食堂。
>
> 草根野菜来充饥，小生可怜受煎熬。
>
> 彝汉携手度危难，团结互助写华章。

新中国的建设道路是极不平坦的，真可谓是铁血雄关，苦难辉煌。

那是在一穷二白的废墟上从零起步的艰难年代。经济基础除传统落后的农业外，工业几乎全是空白，连火柴、铁钉、水泥都造不起，一切要靠进口。

那是边打仗边建设的准战争年代，先后经历剿匪平叛、抗美援朝、反击美蒋特务反攻大陆、中印边界自卫反击、抗美援越、珍宝岛自卫反击、西沙群岛保卫战七场立国战争，确保了新中国几十年的和平安宁。

那是国际环境极其艰险恶劣的冷战年代。以美帝国主义为首的西方敌对势力不甘心他们在中国的失败，对新中国的经济建设实行重重封锁。新中国的建设唯有争取社会主义苏联老大哥的支持，以农产品换取其机器、资金、技术和项目援助。

那是高扬社会主义正能量的火红年代。没有剥削压迫，没有黄赌毒黑，没有尔虞我诈，没有假冒伪劣。人民当家作主，干部廉洁奉公，国家空前安定，民族紧密团结，社会风清气正，全民奋发向上，喜开中华历史之先河。

那是英雄辈出的激情年代。党心军心民心，心心相印，东西南北中，工农商学兵，举国一盘棋。党的意志、国家意志、民族意志转化为团结一心，勤俭建国的全民意志。艰苦奋斗，无私奉献，人人奋发上进，个个争当英雄模范，成为那个时代最为靓丽的风景线。

那是改天换地的伟大年代。1949年到1952年，三年完成国民经济恢复的任务，实现财政经济状况的根本好转。全国平均每天有一种新产品问世，每两天修建一条公路，每三天建设一座大桥。工业从无到有，从小到大，从弱到强，奠定了坚实的社会

主义物质基础。

那又是一个经历严重挫折和困难的年代。由于遭受严重自然灾害和缺乏社会主义建设的经验，工作上出现了严重失误，由此引发了1958年至1961年的三年严重经济困难。

越西属于大凉山的一个彝汉杂居县，工作失误与受灾情况概莫能外。

农业生产上搞强迫命令、瞎指挥。冬天，将村前村后的树木全部砍光，把农民集中在田里"烧灯窝"。每到夜晚，山上山下烟雾腾腾，火光冲天，好不壮观。春天，种庄稼搞深耕细作、合理密植，田地翻耕三尺深，玉米五寸远一棵，秧苗三寸远一棵。秋天，因烧灯窝后土质过于肥沃，水稻只抽穗不结籽，全倒伏在田里，大部分无收；玉米由于种植太密太深，多数不发芽，少数发芽的密不透风，株杆矮小、不结籽，造成粮食严重减产。

行政体制上刮共产风，搞一平二调、穷过渡。把家家户户的粮食和炊事用具集中办公共食堂，将村民集中到食堂吃大锅饭。公共食堂刚开办时以为形势大好，大张旗鼓地号召大家"鼓足干劲干活，敞开肚皮吃饭"，一日三餐，顿顿酒肉满桌，一派兴旺景象。可是由于粮食严重欠收，不到半年光景，

便开始喝稀饭，最后粮食断炊连稀饭也喝不上，人们不得不靠挖野菜、草根和白泥充饥度日。

河东作为县上农业生产的试点乡，在工作上更左，要求实行四个率先：率先取消自留地，率先实现粮食亩产千斤，率先办公共食堂，率先实现公社化。同时对社员实行四个不准：不准私自开荒种地，不准私养家禽家畜，不准私自生火煮饭，不准侵占集体公共财产，因此困难程度更为突出。

但令人惊奇的是，从受灾的困难程度来看，河东乡的情况却好于附近其他乡村：几乎没有因灾死人的情况发生；没有爆发大面积的水肿病；没有造成大范围的人心恐慌；没有外出逃荒的情况。

其奥妙何在？奥妙就是：彝汉团结互助，携手共度危难。

河东乡属二半山和平坝各占一半的彝汉杂居乡，全乡七个大队，其中二半山为彝族聚居的保龙、小碉、东洪、新普四个大队，平坝为汉族聚居的河东、联新、红光三个大队，共计五千余人。解放前国民党反动派长期推行民族歧视的反动政策，造成民族仇视和对立。解放后在党的民族政策的光辉指引下，彝汉群众从此冰释前嫌，化干戈为玉帛，由过去的冤家对头变成了情同手足的民族兄弟。

一是互结干亲。不少彝汉族家庭分别将子女结拜给对方作干儿干女，父母和子女互为干爸干妈、干儿干女，由干爸干妈按本民族习惯为干儿干女取一新姓名（汉族结拜彝族则取彝名，彝族结拜汉族则取汉名），并择期举行结拜仪式，正式确定干亲关系。

二是互通有无。平坝盛产大米、蔬菜和鱼虾水产，但缺乏山货，山上盛产荞麦、燕麦、木材和药材等山货，但又缺乏大米和鱼虾水产，两者正好优势互补。汉族干亲家为彝族干亲家送去大米和鱼虾水产，彝族干亲家为汉族干亲家送来山货。

三是友好交往。凡过春节或彝族年，双方都要相互拜年，互致祝贺问候；凡遇婚丧嫁娶，都要出钱出力，相互扎起；凡遇到天灾人祸，都要慷慨解囊，相互支持，彼此水乳交融，亲如一家。

三年严重经济困难，正是彝汉团结大展威力，相互支持度时艰的关键时期。三个平坝汉族大队人口较为密集，主粮水稻、玉米大部分无收，灾情尤为严重，四个二半山彝族大队人口密度和受灾程度相对较轻，没有没收自留地和集中办公共食堂，加上荒山荒坡多，森林和野生动植物资源丰富，回旋余地较大。三个平坝汉族大队也有地处越西河畔，鱼虾资源丰富的优势。于是彝汉两族群众便利用各自的资源优势，相互接济共度难关。汉族想方设法在河里捞上鱼虾，向彝族干亲家换取玉米、荞麦、燕麦充饥。并与彝族干亲家一道在山上开荒种植洋芋、元根、萝卜等粮菜应急度荒，在森林中捕捉野鸡、野兔、野鸟共同分享，同心谱写了一曲和衷共济度危难，相濡以沫克时艰的民族团结之歌。

王文祥父母将文祥拜结给保龙大队一户名叫尔古木呷的彝族家庭，干爹干妈为其取名为尔古天喜，意为天大的喜事，两家由此成为世交。每逢过彝族年和春节，干爹干妈给他家送来砣砣肉和燕麦炒面等彝家特产，父亲带着他为干爹干妈送去腊肉、香肠和汤圆粉等汉族特产。平时无事彼此经常往来问候，有事相互帮助支持。三年困难期间，王文祥父亲一方面经常往返于各彝家山寨，利用其医疗特长为彝族同胞治病，换取彝族同胞的粮食支持，一面又与彝族干亲家实行粮鱼互换，在山上一道开荒种粮种菜、捕食野味和采摘野菜野果，共度饥荒。因而在困难时期，王家的困难情况比别的农户略好一筹。

1961年自然灾害结束，撤消了公共食堂，允许农民各家各户种植自留地，饲养家禽家畜，全国经

大山民医

第一章 多难生世

济形势迅速好转，农村生活明显改善。王家和其他村民一样开始有了饭吃有了衣穿。

三年困难同时证明，社会主义的基本制度是好的，人民群众对党的领导和社会主义始终是坚信不移的。

在王文祥幼小的心灵中，困难年代早已依稀远去，深深铭刻于怀的则是三大难忘记忆：

——参加集体生产夜战。1958年，越西农村正热火朝天地开展集体劳动竞赛和挑灯夜战。一方面广泛开展耕田、播种、插秧、收割和养猪、养牛等先进能手评比竞赛活动，分别召开表彰大会，披红戴花，大张旗鼓地表彰奖励先进。另一方面动员男女老少参加集体夜战。王文祥白天在学校学习，晚上同大人一道参加集体烧灯窝、打谷子和修公路夜战。烧灯窝，小孩打着火把在田野里跑来跑去四处点火，大人们则添柴加火守着烧；打谷子，小孩爬到堆积如山的谷堆上去一抱一抱地将谷把抱下来放到地上，大人们在木制拌桶中将谷把打拌脱粒成稻谷；修公路，小孩子们八方捡石头，供大人们修砌路基。人们的劳动热情空前高涨，乡间田野夜夜灯火通明，歌声、笑声和劳动号子声此起彼伏，直到午夜集中加餐后才回家睡觉。王文祥觉得这是自己在困难年代所经历的最为快乐、最有意义、最令人难忘的记忆。因此每逢夜战他都走在前头，收工回家时却走在后头。

——深夜打鱼送保龙。每周在河中打一次鱼虾上山，与干爹家实行粮鱼互换，这是王家在困难时期的必做功课。现在打鱼包括用炸药炸、电烧、网打和垂钓等多种方式，但那时只有木筒和鱼钗捕捉两种方式。木筒捕捉，即由大队选择水流湍急的河段，用木桩构筑拦河坝，然后在上下两端之间，每隔几米远安装一根空心圆形木筒，在其下端套上竹笼，利用河水落差大量捕鱼。木筒由大队派人看守，早晚各取鱼一次，少则几十斤，多则一、二百斤，实行按户按人轮流分配。因人口较多，两三个月才能分上一次。鱼钗捕鱼方法原始简单：一根铁钗，一把手电筒，两人操作，夜间进行，因此平常社员多采用鱼钗捕捉。方法是人站在齐腰深的水中，借助黑夜，一个用手电光照射，将鱼群聚引在两人周围，另一个用铁钗钗杀。钗鱼小有奥妙：一要选择晴天，河水清澈见底；二要选择鱼群较多、河底平缓，深浅适度的地段；三要手电光强烈，能见度高；四要稳、准、狠、快。对王文祥而言，钗鱼既可回报干爹干妈，又可使自己从中获得莫大乐趣，何乐

大
山
民
医

第
一
章

多
难
生
世

而不为？因而每逢父亲和大哥夜间钗鱼他都要跟着去。父亲和大哥在河里作业，他在岸上充当助手，看守衣物，用竹篓装鱼。每次钗鱼少则两三斤，多则十余斤，从不打空手。捕好鱼后还要连夜给干爹家送上山去。从联新到干爹家往返要走约四公里山路，返回家中时已是午夜时分。三年中，他跟随父亲在这条羊肠小道上来回不知往返了多少趟，在其幼小的心灵中留下了难以磨灭的印记。

——与干爹干妈情同手足。彝汉一家亲，患难结深情。干爹干妈一生无儿无女，勤劳纯朴，老实憨厚，给人一副慈祥和蔼的印象。夫妻俩曾生过三个小孩，都不幸生病夭亡。双方年仅四十余岁，脸上便刻满了饱经沧桑的皱纹。他们自收王文祥为干儿子起，便将爱的情感全倾注在他身上。王文祥每次上山来家里玩，总是为其准备彝家最丰盛的肉食美味；晚上睡觉怕其受凉感冒，专门用羊毛披毡在草楼上为其铺垫了一个舒适温馨的床铺；白天担心其外出游玩回来开不了门，特意用绳子在其颈项上挂一串钥匙；他爱玩弹弓和玩具枪，干爹亲自砍树枝为其做弹弓和木枪；他喜欢猫猫便送其黑白两只小猫；其家中缺粮断炊，干爹干妈宁肯自己饿肚子也要及时送粮送菜接济。王文祥从小到大一直把干

爹干妈当作至亲，每到年节都要前往慰问看望；每逢生病都要前往诊治；每遇灾害和困难，都要给予资助。1980年干爹干妈不幸先后去世。父亲和王文祥专程前往保龙，与当地彝族群众一道为之送葬。在下山回家途中，王文祥回望弯弯曲曲的山路，回想与二老交往的一幕幕往事，心潮翻波澜，双泪滚滚流。真可谓：

> 结拜干亲二十载，相濡以沫度寒冬。
>
> 山高水长寄深情，同舟共济写春秋。
>
> 昔日干戈化玉帛，不是至亲胜至亲。
>
> 二老不幸离人世，干儿何报一世恩？

这正是：

> 天灾人祸过粮关，方知民以食为天。
>
> 彝汉携手度危难，民族团结谱新篇。

大山民医

第一章 多难生世

第五节　顽皮小生

有诗为证：

　　儿时顽逆是天性，人生有谁不少年？

　　文祥幼时多烂漫，说唱逗笑好争先。

　　捉鱼摸虾伙伴夸，顽皮打闹父母嫌。

　　树梢房顶留脚印，海阔天空任等闲。

古人云，聪明的孩子大多是顽皮任性的，愚笨的孩子大多是木讷呆痴的。儿时的王文祥就属于前者。

王文祥儿时和他人一样，都有过一个天真烂漫，无忧无虑，顽皮任性，争强好胜的童真时期。他时而如同水中的鱼儿，戏水腾欢，四处游荡；时而又如初生的牛犊，纵横驰骋，嘶鸣狂奔；时而又像天空的雏鹰迎风斗雨，笑傲苍穹。

在父母心目中，他是贪玩好耍、倔犟任性的调皮鬼，不如别的弟妹顺从听话。他兴趣广泛，是全家出名的电影迷、故事迷、扑克迷、吹牛王。那时村上每月放一次坝坝电影，其余兄妹都是晚饭后才去看，他下午三、四点钟就早早抬着凳子去一直守着，生怕别人抢占了好位子，电影不完不回家。平时到了晚上，其余兄妹很早就洗脚上床睡觉，他却还在外面与小伙伴们嬉戏打闹、吹牛谈天、摆故事、捉迷藏，"乐不思蜀"，不玩尽兴不休息。遇到县城放电影，隔三岔五约人徒步往返几公里，摸黑进城观看，深更半夜才返回。一次，家里没有盐巴和豆油、豆瓣、味精，父亲叫他去县城买，结果他在买了盐巴和豆油、豆瓣、味精后，将剩余的钱拿去看了电影，回家后被父亲狠狠教训了一番。又一次，家里没有猪草，母亲叫他背上背篓上山打猪草，他却与村里的小伙伴们在山上追逐打闹、捉迷藏，把打猪草的事忘得一干二净，抛在了九霄云外，很晚才空着手回家，结果又被母亲臭骂了一顿。

在村上老一辈人眼中，他是一个玩世不恭、放荡不羁的小顽童。山林、田野、河中都有他玩闹的身影，树上、墙上、房上都有他千翻的脚印。他以好奇质朴的童真，在顽皮嬉戏中开始认识、体验和领略自然、社会与人生。他与小伙伴们砍起树丫，自制弹弓，在全村房前屋后射打栖歇在树上、房顶上的麻雀、斑鸠，爬树上房掏取鸟窝中的鸟蛋；在河中和稻田、水沟里抓鱼摸虾，浑身上下全是泥水，心里却乐翻了天。一次，他光着膀子和脚丫，爬到一棵大树上去掏取鸟蛋，一不小心踩断了枯枝，从六米多高的树上摔了下来，造成左脚骨折，在父亲的精心治疗下，在家中静卧了一个多月才重新下床行走。更令其难忘的是，在一个刚涨过洪水后的夏日，他急不可耐地邀约了三位小伙伴去河里游泳，大人们知道后都认为河里水深浪大危险，劝他们不要去，可好说歹说他们就是不听。四人到了河边脱了衣服后，只见河水浪大湍急，你推我攘谁也不敢贸然下水，结果不知是谁用力过猛，一下子将文祥推入漩涡之中。他几次试图爬上岸来，却因水流湍急，河底石头又光又滑，无法站稳脚跟，顷刻间便被滔滔激流席卷而去。起初其意识还很清醒，不断用手奋力猛抓悬吊在岸边的树根、草藤，但均已腐朽，一抓就断，几个大浪迎面打来，呛了几口生水后再无力挣扎，于是沿河顺流直下，被洪水越冲越远。小伙伴们顿时吓得目瞪口呆，魂飞魄散，一路哭爹叫娘，各自奔逃。说时迟、那时快，河东大队五生产队社员李国云此时正背着一背上山割的牛草在河边歇脚，他听到小孩的呼救声，见到岸边放着的小孩衣物，又看到下游河面上飘浮远去的小小黑影，立马放下牛草，不顾一切地朝着下游飞奔而去，一口气飞跑了约800米左右，一直跑到小孩飘浮的位置时，连人带衣纵身跳入滚滚激流，猛地将小孩拦腰抱起救上岸来。但见小孩已全身冰凉、双眼紧闭、人事不省，他凭借多年抢救落水人员的经验，熟练地将小孩口脸朝地、背部朝天卧躺在地上，然后用石头支垫抬高腹部，使其腹内积水从口中迅速排出，又让其在阳光的照晒下慢慢温暖身子。不到半晌功夫，小孩由此起死回生，慢慢睁开眼睛苏醒过来。这时文祥父母才呼天嚎地地赶来将其背回家去。在王文祥的记忆中，这是他儿时调皮千翻的两大深深印记，从小经历了伤痛与生死的考验，因而他说自己是从死神手中捡回来活的人。

在同辈人的记忆中，王文祥是他们儿时的"故事王""娃娃头""王司令"。他记忆力超强，有着过目不忘，贯耳不漏之美誉。平常看的电影和连环画、小人书多，听村里老一辈人讲的故事多，到县文化馆看的历史书籍多，因而擅长摆"龙门阵""吹牛皮"。从《三国演义》《水浒传》《西游记》到《太平天国》等历史故事，从革命战争故事到英雄人物的故事。他摆起故事来天南海北，绘声绘色，滔滔不绝，小伙伴们听得如醉如痴，津津乐道。其实大多是道听途说和一知半解。他有着天然的组织指挥和宣传鼓动能力，经常将小伙伴们分为国民党匪军或美国鬼子、日本鬼子与红军、解放军两部分，双方对垒打仗。夏天气候炎热，组织打水仗、泥仗；冬天下雪，组织打雪仗。打水仗即用竹筒自制水枪，双方用水枪互相喷射，衣裤全部湿透的一方为败，另一方为胜；打泥仗、雪仗，即双方用泥土或雪球对打，全被泥土或雪球击中的一方为败，另一方为胜，经常打得难分难解，不获全胜不收兵。一次，他在打泥仗时，由于泥块太硬，用力过猛，不小心将对方一小伙伴的额头打伤流血，小伙伴随即由大人带着上门来找其父母告状，他吓得不敢回家，在村上的谷草堆里躲了一夜，第二天早上才被父母找回家去，少不了一顿打骂。

初生牛犊不怕虎，少年壮志敢斗狼。他生性倔犟，好奇猎险，敢作敢为。大人叫他干的事，他偏不干；大人认为危险、不叫他干的事，他却偏要干。从小就有一股不到黄河心不甘，不干出名堂不罢休的犟脾气。来王家走亲戚的一位饱读诗书的孟姓老人，曾对其父亲说道："你不要嫌你们家老二文祥顽皮难管，据我仔细观察：他天资聪颖，志向高远，敢作敢为，将来必定大有出息。"数十年后，那位老人早已作古归西，而文祥也应老人所言，业已出人头地，功成名就。如老人在天有灵，想必会为其当初的预言大感欣慰。

儿时的文祥就是在这样天真无邪的玩乐中，开始去了解和见识自然，踏入变幻莫测的自然之门；在顽皮任性的打闹中，以自己特有的敏锐，揭开洞察人生和社会冷暖凉热的万花筒；在蒙昧无知的嬉戏中，启迪心智，放飞梦想，开始品味人生的麻辣酸甜，由此度过了他天真烂漫的童年时代，开启了五彩缤纷的人生画卷。

这正是：

顽皮任性又千翻，嬉戏打闹尽欢颜。

朦朦胧胧识自然，莽莽撞撞度童年。

第二章

少年寒窗

　　为尽快改变旧中国遗留下来的一穷二白的落后面貌，新中国一方面大规模地开展国民经济建设，大力提高工农业生产水平；一方面全方位开展扫除文盲和普及教育科学文化运动，大力提高人民群众的文化科学水平。其间又经历了大跃进、三年经济困难和文化大革命的风风雨雨。

　　王文祥的少年学习生涯就是这种特殊的历史环境和特殊的历练教育中度过的。

　　真可谓是：

　　　　政治运动砺心志，社会熔炉强筋骨。

　　　　沐雨经风识云烟，寒窗发奋苦为学。

第一节　河东启蒙

有诗为证：

> 祖祖辈辈庄稼汉，弹指摇变读书郎。
>
> 文祥贪玩不思书，为父强逼上学堂。
>
> 沃野绿柳映学影，鱼雁欢歌伴书香。
>
> 六载寒窗冷与饿，一朝毕业红榜落。
>
> 小小熔炉铸大器，一代奇医此成长。

越西县城东北面的田坝中央，坐落着一所闻名遐迩的乡村小学——解放后党和政府开办的越西县河东乡小学校，也是王文祥幼时启蒙学习的母校，其六年的小学生涯就是在这里度过的。

河东乡小学距离县城4公里，距离周围村庄1~2公里，区位理想适中，小孩上学十分方便。学校是一座中国传统的四合院建筑，中间是一个大天井，四周是教室、教师办公室和宿舍，结构小巧玲珑，格局合理协调，周围绿柳成荫，环境安静优雅。学校坐北向南，校门前面是平坦宽阔的大操场；西面毗邻奔腾不息的越西河，北面紧靠乡政府，为全乡政治、经济、文化的中心。站在学校门口放眼环望，四面天高地阔，良田千顷，流水潺潺，微波荡漾，令人心旷神怡。一到秋季，微风一吹，谷浪翻滚，稻海飘香，一派鱼米之乡的富庶景象。

学校为解放前的佛教场所"幸福寺"改建。名曰"幸福寺"，实际是人们讲迷信、烧香拜佛的地方。解放前这里的彝汉族穷苦百姓祖祖辈辈遭受着国民党反动派和地主、奴隶主阶级的双重剥削压迫，过着牛马不如的生活。全乡除个别人在外地读过私塾、识几个简单的汉字和阿拉伯数字外，男女老少斗大一字不识，几乎全是文盲，何来幸福可言？解放后党和政府将这里改办为学校，穷人的孩子从此才有了上学读书的机会，幸福寺才使人们有了真正意义上的幸福。

1957年秋季，河东小学招收新生。其他适龄儿童都由家长欢天喜地送去上学。王文祥贪玩好耍，不愿上学读书。其父因只读过几天私塾而没有多少文化，当了一辈子睁眼瞎，吃尽了苦头，一生信奉孔老二"万般皆下品，唯有读书高"的千古名言，绝不容许自己的痛苦在儿女身上重演。他严厉训斥

小文祥："养儿不读书，不如养头猪。你读也得读，不读也得读，就是用藿蔴（带刺的叶科植物）抬也要抬去上学！"在父亲的强行威逼之下，他才不得不跟着前往报名上学。从此，河东小学一年级便多了一个天真活泼、聪明伶俐、顽皮执拗的少年学子的寒窗身影。

学校教师除个别是本县人外，大多系国家从外地正规师范中专毕业生中选调的青年教师。当时的办学件条件很差，教学设施极其简陋，生活十分清苦，但教师的政治、业务素质很高，事业心、责任感特强，工作之勤奋敬业，教学之认真负责，对学生之亲切和蔼，堪称为人师表之典范，新社会之新风尚。在文祥幼小的心灵中留下了深刻的印象，数十年后仍时时感念在怀。

王文祥从家中到学校要走一公里田坎路。因家境贫寒，他一年四季大多是穿着一身单衣、打着一双赤脚上学。每天早上到校时，先在附近的水沟中把脚上的泥巴冲洗干净再进教室。一到雨季，田坎坑坑洼洼，犹如鱼脊又溜又滑，一不小心就摔倒在水田里，如同落汤鸡一般，浑身上下全是泥水。冬天寒风刺骨，冰天雪地，双脚被冻裂成条条血口，踩在冰雪上冷痛钻心，又如针扎一般，无奈之下只好自己忍痛用针线把血口缝上，继续坚持上学。

1958年王文祥上小学二年级时，凉山州南连西昌、北贯喜德、越西、甘洛三县的省级公路交通干线，经过三年艰苦修建正式建成通车，全程210公里，省汽车运输公司第58队同时入驻越西县城。三县由此结束了世世代代与世隔绝的历史，人们出行盘古开天般地坐上了交通客车。县上向公路沿线的学校下达任务，要求组织师生在县境路段两旁分别栽植松柏行道树，美化沿线风景。河东小学的植树任务为：教师每人植5棵、学生每人植3棵；规格10米远一棵，每棵挖坑深1米、宽0.5米，植一棵奖励红糖麻饼一个。王文祥同教师一样，一人就植了5棵，获得了5个饼子的奖励，他只吃了2个，另外3个分给了其他同学吃。他认为劳动能力有大小，但成果应当共享。大家戏称其为"王麻饼"。

1959年，国家进入了经济困难时期。由于粮食紧张吃不饱饭，同学们上课时饥饿难耐，无精打采，不思学习，一心只想如何充饥、填饱肚子。学校大门前的操场成了村上的临时打谷场。同学们一下课便三三两两地偷偷溜进打谷场，一看周围无人，便慌忙抓一把稻谷包在手里使劲揉搓，或装在帽子里用石头打砸，将稻谷打砸成糙米，再吹去谷壳，偷吃生米充饥。三年级下学期末，王文祥开始被评为全校三好学生（思想好、学习好、身体好）。但由于极度饥饿，课间休息时，见到校门外的操场上堆放有小麦，他实在忍不住抓了一把来吃，正巧被班主任老师撞见，被取消三好学生资格。

其父时系乡半脱产医生，每天仅半斤口粮，他把大半都分给了王文祥吃，自己挖野菜充饥，从而使王文祥赖以度过粮关，完成小学学业。由于长期饥饿，体质虚弱，在上五年级时生了一场大病，卧床在家两月，由此严重影响了学习。1963年小学毕业升初中时，考试名落孙山，侥幸以备取生资格升入初中学习。

上世纪70年代初期，河东小学由于校舍老化破旧，加之经常受越西河的洪水威胁，由此迁往乡政府所在地联新大队（文祥老家所在地）的新校舍开办。王文祥参加工作后，每年回老家过春节都要去母校拜望一番。他是去看望自己的启蒙老师？去寻找小学时代的记忆？还是去回味当初的难忘岁月？应当说三者兼而有之。人就是这样，年龄越大越重情，人越老越念旧。从名冠千秋的伟大人物到宛如草芥的普通百姓，概莫能外，此乃人之常情也！

这正是：

　　管他三好不三好，小麦充饥把命保。

　　六载寒窗冷与饿，一朝升学落名榜。

大山民医

第二章　少年寒窗

47

第二节　备取越中

有诗为证：

> 抗战初始建名校，革命人文薪火传。
>
> 名落孙山疑无望，意外备取把梦圆。
>
> 饿吃馒头挨吊打，穷穿草鞋遭讽嗟。
>
> 寒窗发愤苦治学，社会实践炼肝胆。
>
> 践行雷锋做好事，红专并进好少年。

王文祥本来已名落孙山，无望升中学，成天心不在焉，感到万分自责和失落，父母兄妹见到其几位同班同学均榜上有名，都怨他不争气，开学时他却意外收到了越西中学的备取通知书，通知他作为备取生，被录取到越西中学初中一年级学习，要求做好相关准备，三日内前往报名。

何为备取？即按照正取生的比例，从未录取的学生名单中由高分到低分，确定一定的比例作为备取生。凡正取生因病、迁移、死亡等各种原因缺学的，便从备取生中依分递补，这是体现当时教育公平的一大特色。

管它正取与备取，体面不体面，入学通知书就是尚方宝剑，只要有书读就是王道，能升学就是好事！王文祥和家人顿时破涕为笑，喜出望外。

越西中学全称为四川省越西县高级中学，是一所具有光荣革命传统的学校。学校建立于1938年，即1935年中国工农红军长征经过越西后的第三年，抗日战争暴发的第二年，时为越西县初级中学。学校校址原在老县城西街，1958年迁到两公里外的南郊扩建。占地面积由过去的几亩一下子扩大为50余亩。学校坐东向西，校门正前方不远处是苍松滴翠的巍巍西山，斜对面的山脚下是终年清澈见底的一汪清泉，足够学校及周边居民生活用水。解放后，学校正式升格为高完中，1960年培养出第一批高中毕业生。

越西中学的建立可以说与红军播下的革命火种有着天然的影响与联系。学校后来又有着我党领导的地下革命活动的历史背景，从这里毕业的一些进步学生考入川大后加入了中共地下组织，毕业后又被党组织派回越中任教，以教师身份为掩护，暗中从事革命活动。其代表人物有：解放前夕在参加同

校教师付大金婚礼时被国民党反动派枪杀于厕所内的中共地下党员、革命烈士唐善；中共地下党员、解放后凉山州首任教育局局长冯江。其中，冯江解放前在川大毕业后，被地下党组织派往延安学习，后在周恩来身边工作。解放前夕又被派回凉山暗中从事革命活动。

越中解放后又是老凉山五十年代唯一一所高完中。当时的老凉山州九县，除越西办有高中、雷波办有初中外，其余七县均未办有中学。"文革"前老凉山州各县包括州级机关的学生，都要来越西中学读初中或高中。

教师除少数为本地人外，大多系省内外国家正规本科院校毕业选调而来的优秀中青年教师，可谓德才兼备，藏龙卧虎，人才荟萃，其中不少还是全州教育系统的中坚和骨干。建校八十余年来，在培养越西乃至凉山的革命和建设人才方面发挥了不可替代的重要作用，功不可没，不愧为老凉山人才培养的摇篮。真可谓：

红军长征播火种，抗战时年应运生。

革命人文薪火传，艰苦创业绘乾坤。

师高学强风纯正，红专并进育新人。

八方学子齐汇聚，桃李满园报芳春。

越中时任校长严志泉，副校长李宗善、钟学仪（女），教导主任梁文栋，总务主任孙副宝。在全校师生中印象最深的是孙副宝主任，山西籍人，解放前被国民党抓壮丁在阎锡山部当兵，1948年随部起义参加解放军，解放后转业到越中从事后勤工作。一天，一批外地客人来学校参观，临时安排在校伙食吃饭，导致伙食团饭菜不够。他纵身跳上石头饭桌用浓重的山西口音大声喊道："兔子们（同志们），今天的饭被狗吃了（不够吃了）。为什么被狗吃了（不够吃了）呢？因为临时来了几个女兔子（女同志）和几个男兔子（男同志），所以饭被狗吃了（不够吃了）。现在重新煮，请兔子们（同志们）耐心等待。"大家既为其认真负责的精神所感动，更被其地道的山西土话逗得哄堂大笑，由此而获得了"兔子主任"的美称。同时，因冬季气候寒冷，每隔一段时间，他都要安排炊事班熬生姜红糖水给老师和学生喝，以预防感冒。其敬业精神和对师生的关心体贴之情，在全校师生中留下难忘印象。

王文祥被分在初六六级三班，班主任老师张海涛，重庆人，系语文教师兼班主任。全班30余人，既有本县的，也有来自州级机关和其余各县的；既有汉族、彝族，又有其他少数民族；籍贯既有本省

本州本县的，又有外省市的；既有老红军、南下干部和本地干部子女，又有工农兵子弟，可以说是一个来自五湖四海的革命大家庭。

学生分为住校生和走读生两类，来自州级机关和其他县的外地学生及本县离校较远的乡下学生为住校生，家住城区及周边附近的学生为走读生。王文祥家距离学校6公里，往返要走两小时，自然在住校之列。按照学校规定，住校生每月交伙食费6.5元，粮食30斤（非农业人口交粮票，农业人口由学生所在大队上交公粮时一并抵交）。王文祥因家中姊妹多，经济困难，交不起伙食费，只好自带干粮住校。家里做好玉米馍，每周星期天回家带到学校吃一周，每天只吃中午和下午两顿，且无汤无菜，干啃硬咽，吃完后在自来水管上含着水龙头咕咕咚咚地喝上几口冷水了事。夏天天气炎热、时差长，玉米馍放不得，每到周末便已发霉变味，但迫不得已，不得不捏着鼻子坚持吃；冬天一到周末，干粮变得又干又硬，如同冰块一般，但无可奈何，不得不硬着头皮啃。

1964年，王文祥的家庭成分被上升为富农，其境况更为凄惨。这时家中已无多少干粮可带，每天午饭时，同学们全都到伙食团吃饭，他在无奈之下，只好到街上去当叫花子，主动上门去帮餐馆洗碗、擦桌子、扫地，乞求店主施舍点残汤剩水吃。

1965年下学期的一天下午，同班同学魏老三的哥哥魏国容，人称魏老大（越西县医院伙食团炊事员、临时工）来校看他，同情地对其弟弟和王文祥两人说："吃不饱饭饿着肚子怎么读书？县医院伙食团有馒头，你俩跟着我去医院，我悄悄偷给你俩吃。"俩人于是跟着魏老大一起来到医院，魏叫两人在其寝室等候，他自己去伙食团偷。由于是下班时间，伙食团已关门上锁，魏便将门锁砸烂，偷了20多个馒头来给他俩吃，两人狼吞虎咽，像过节似的美美饱餐了一顿，当晚一觉睡到天亮。可第二天一早，魏老大便被医院隔离审查，两个荷枪实弹的民兵随即到学校来抓人，其弟弟魏老三吓得浑身发抖，双脚跪地嚎啕大哭。王文祥为其壮胆说："兄弟不要怕，有什么事我顶着，砍了脑袋也就是碗大一个疤，二十年后又是一条好汉！"同时对来人说道："一人做事一人当，馒头是我偷的，不关他的事，要打要杀随便！"王文祥随即被两人押着带去医院，悬挂在房屋中间的大梁上捆绑吊打，打晕后又用冷水泼醒，中途一个中年妇女进来见状后说道："他还是个学生娃娃，不能再打了，再打下去要出人命

的。"于是两人才将王文祥解开绳子放下来，遂将其放回学校。班主任老师张海涛向其详细询问了事情的原委后，内心深感怜悯与同情，从此不再深究。

王文祥从家里到学校每周末至少往返一次。一年要穿烂几双胶鞋，后因无钱买鞋，平时无论是在学校还是每周回家往返，一年四季大多数时间都是穿父亲用谷草编帜的草鞋，双脚常被磨满血泡，同学们讥讽他为："草鞋大叔"，并编成打油诗，一起起哄嘲讽："草鞋大叔99（其几何期末考试99分），母亲是个瘦母狗；一二三四五，草鞋大叔光屁股；五四三二一，草鞋大叔没出息。"面对人生的奇耻大辱，王文祥勃然大怒，忍无可忍，使尽全身吃奶的力气，猛然将为首者金志和拦腰抱起，"扑通"一声重重地摔在地上，以示愤慨和抗议。从此之后，无人再敢嘲讽欺负。

人善被人欺，马善被人骑。人就是这样，你越穷越被人瞧不起，越软弱越受人欺侮。有时迫不得已奋起抗争，才是对欺侮最好的回击。

在学校住校，由于买不起被盖，王文祥床上除了垫有几块硬邦邦的木板和一把谷草外，一无所有，空空如也。夏天气候炎热，尚觉凉爽惬意，冬天寒风刺骨，加之吃不饱饭，冷饿难耐，每到夜晚翻来

覆去怎么也睡不着，常常睁着眼睛直盼天亮，有时做梦都梦到吃饭，醒后被冻得缩成一团。

艰苦是良药，是财富，是人生进步的强大动力。生活的艰辛使王文祥懂得了知识决定命运，学习改变命运。从进初中开始，他便如饥似渴地发奋治学。每天早上别的同学还未起床，他已在学校操场上朗读背诵课文；晚上别的同学已经关灯睡觉，他还在被窝里借助手电光悄悄看书；凡是当天没有搞懂的教学内容，他都虚心向老师和同学请教，直到学懂弄通为止，在学习上从不欠账。每期各科考试成绩均在90分以上，名列全班前茅。其中作文《雷锋叔叔》被选作范文贴在学校墙报上，供全校观摩。

三年的初中学习生涯，在其心目中留下了三个难忘印象：

——教风学风纯正。不少教师把事业当生命，把异乡当故乡，把学校当家庭，把学生当亲人，自觉克服条件艰苦、工作辛苦、生活清苦、夫妻长期分居两地的困难，一心扑在教学工作上，几十年如一日，兢兢业业，尽职尽责，任劳任怨，献了青春献终身，献了终身献子孙；有的索性在当地结婚成家，成为永远不走的当地人，死后埋在当地，子子孙孙根植当地。学生们自觉以老师为楷模，胸怀祖

国，放眼世界，发奋读书，立志报国，涌现出了不少勤奋上进、品学兼优的优秀学子，每年都要保送一批上中专和大学。

——注重实践培养锻炼。当时的教育方针是两必须、一培养：教育必须为无产阶级政治服务，必须与生产劳动相结合，培养有觉悟有文化的社会主义新型劳动者和接班人。学校除了上政治、文化课外，还要组织学工、学农、学军，参加农村、工厂生产劳动。采取请进来、走出去的方式，分别请老红军、老八路和县领导作报告，组织学生到革命烈士陵园为烈士扫墓，对学生进行革命传统和形势教育。因此学生的综合素质和实践能力堪称一流，大受社会各方面的欢迎。

——学习雷锋蔚然成风。学雷锋，当英雄成了那个年代最为靓丽的风景线。全校学习雷锋精神，走雷锋成长道路，做雷锋式英雄人物的活动如火如荼，一浪高过一浪。不少师生利用休息时间义务到周边工厂、农村、街道参加集体生产劳动，为烈军属、五保户拉煤、劈柴、担水做好事，且不留姓名，甘当无名英雄，涌现出了一大批先进典型。物理教师孙澄学义务为学校架设电线，因电杆倒塌，不幸重伤致残；语文教师侯应泽自告奋勇参加越西河抗洪抢险，小孩在家无人照管被开水烫成重伤住院，均无怨无悔。初六七级二班学生、彝族孤儿、全校学雷锋标兵王志谦，由学校保送参军，在剿匪战斗中不幸光荣牺牲，成为最年轻的英雄烈士。

王文祥除积极在学校做好事外，还主动参与社会做好事。一次，他和另一位同学在从学校回家的路上，发现本大队水能泵站的引水渠被河水冲了一大缺口，导致沟渠进水少，水能机转速缓慢，白天打米磨面转转停停，晚上发电灯光昏暗。他俩当即从附近的水碾房里找来木桩和树枝、谷草，脱衣下河打桩修复，直到水渠灌得满满当当才离开。当天下午水能泵打米磨面飞快，晚上发电灯光亮如白昼，分别受到大队和学校表扬。他尽管非常劳累和疲倦，但一想到自己能为大队和社员群众做点好事，心中感到无比的高兴和欣慰。

这正是：

　　侥幸备取上越中，捱饿受冻度三秋。

　　忍辱发奋苦治学，红专并进品学优。

大山民医

第二章　少年寒窗

57

第三节　革命串联

有诗为证：

　　历数江山千古史，忽兴忽亡转瞬间。

　　四九率众去赶考，发誓不当李顺天。

　　史无前例搞运动，反腐防变固坤乾。

　　学子徒步大串联，千里迢迢见世面。

　　沫雨经风学真知，傲游史海长灼见。

　　1966年，中共中央下发了关于《开展无产阶级文化大革命运动的通知》，一场以反修防修、坚持无产阶级专政下的继续革命为主要内容，以大鸣、大放、大字报、大辩论四大民主为主要形式的文化大革命运动，由此在全国轰轰烈烈地展开。其初衷是从上层建筑领域即思想文化战线，彻底清除资产阶级的各种思想残余，批判走资本主义道路的当权派，教育广大干部群众，借以巩固社会主义的红色江山。

　　越西中学按照上级的安排，开展了轰轰烈烈的

"破四旧、立四新"活动：即破除资产阶级的旧思想、旧观念、旧风俗、旧习惯，树立无产阶级的新思想、新观念、新风俗、新习惯，开展了对封、资、修和资产阶级反动学术权威的批判。

不久，毛主席连续十一次在北京天安门广场接见全国大中学校的红卫兵代表。上级要求学校每班选两名红卫兵代表到北京接受毛主席接见。王文祥因家庭成分被上升为富农而与之无缘。

随后，全国红卫兵响应党中央的号召，学习红军长征精神，开展步行革命大串联。王文祥和另外8名同班同学组成红卫兵长征串联小分队，每人从学校财务室领得65元人民币、72斤全国粮票，徒步进行革命大串联。这是他第一次也是唯一一次步行走出越西、走进省城，也是他有生以来走向社会广阔天地、走向人生舞台的第一站，在其幼小的心灵中打下了深深的烙印。

为支持红卫兵革命大串联，各地都成立了红卫兵大串联接待站。尽管他们一路翻山越岭，爬山涉水，风尘仆仆，劳累不堪，但所到之处都像对待自己的亲人一样，热情为之服务，使他们从内心真正感到了社会主义大家庭的温暖。可谓是：

爬山涉水大串联，人间处处有真情。

大山民医

第二章 少年寒窗

风雨阳光作洗礼，不是亲人胜亲人。

关怀备至问寒暖，体贴入微大家庭。

后来他在回忆起这段经历时动情地说："虽然那时条件艰苦，生活清苦，但人与人之间的那种真诚友好、纯真善良的亲密关系无以伦比。"

他们一行在成都入住四川财贸干部学校即后来的四川财贸干部管理学院，这是一所培养全省财贸干部的重要学府，时为全省红卫兵革命串联接待站之一。一天下午吃晚饭时，王文祥因成天奔波，饭量大增，他先在食堂打了半斤饭吃后不够，又连续前往打饭，在打第三次时，食堂师傅便拒绝再打，他怀着怏怏不快的心情地回到了宿舍。随后接待站领导亲自来到宿舍向其说明："不是食堂的师傅不打给你，而是因为你们每人每天只有一斤粮票，师傅怕你将粮票用完了，后一段没有吃的回不了家。"王文祥听后内心不胜感激。

他们途经眉山时参观了三苏祠，抵达成都后参观了杜甫草堂、武侯祠、刘备墓，同时深入大街小巷，亲身感受了大都市的风土人情和文化大革命初期的火热场面。在成都住了10天时间后，又原路徒步返回，来回用了整整一月时间。

在杜甫草堂、武侯祠和三苏祠，他仿佛穿越历

史的风云，分别走进了风雷激荡的三国，诗歌鼎盛的唐代、词赋散文见长的宋代，第一次近距离涉猎了三国豪杰刘备、诸葛亮纵横天下、叱咤风云的历史胜迹，第一次感受到了唐代诗圣杜甫以诗言志，忧国忧民，饱经患难的伟大情怀，第一次聆听了宋代大文豪苏东坡"大江东去，浪淘尽，千古风流人物"的大气磅礴的千古雄词，体会了"但愿人长久，千里共婵娟"的大美情怀，领略了"一门三父子，都是大文豪"的文化灵气。过去这些在课本、小说和历史传说中如雷贯耳的伟大历史人物，在其心目中既感到神秘久远、遥不可及，又觉得十分抽象、似梦似幻。经过这次参观，仿佛感到历史并未远去，古人就在眼前，正向自己微笑走来，与己握手言欢，把酒畅饮，对天放歌。

短短一月的徒步串联，对别的同学而言，好比过眼云烟，早已忘得一干二净，犹如荒唐年代的荒唐经历，蹉跎岁月，虚度年华，何堪回首从前。但对文祥而言，却是一次人生别开生面的重大洗礼和历练，学到了许多过去在课堂上所学不到的东西，见识了不少从未见识过的历史文化，使其人生见解上到了一个新的台阶，获得四大人生感悟：

——见多识广。自己过去生亦家乡、长亦家乡，

犹如井底之蛙，坐井观天。通过串联才感到天地是如此之广，世界是如此之大，外面的社会是如此之精彩，天地社会如此，人不也如此？在茫茫人海中，强中更有强中手，能中更有能中人，唯有吃尽苦中苦，方为人上人。

——机遇决定命运。如同串联机遇一样，人生有很多机遇，关键是要善于抓住机遇。机不可失，时不再来，抓住机遇就改变了命运，一旦坐失机遇，生命的航船就将由此搁浅，永远无法抵达胜利的彼岸。

——人生如同登山。理想、志向和目标有多大，前途就有多远大。有些看似不可能实现的事，只要下定决心，锲而不舍，坚韧奋进，就没有登不上的山头，更没有战胜不了的困难。"不到长城非好汉，屈指行程二万"，"世上无难事，只要肯登攀"。

——理论必须与实践结合。书本知识来源于社会实践。离开社会实践，书本知识就成了无源之水、无本之木。因此必须坚持在学校小课堂里啃书本，在社会大课堂中练真经，在理论与实践的结合上长才干。

王文祥结束串联返校不久，学校很快进入了停课闹"革命"的阶段。

王文祥因家庭成分不好，索性避而远之，随同父亲来到东山上的干爹家，一边辨认、扯挖和晒制中草药，一边为彝族同胞治病。

　　1969年为反修防修，毛主席向全国广大知识青年发出了"农村是一个广阔的天地，在那里是大有作为的"伟大号召，在全国大中学校轰轰烈烈地开展了知识青年上山下乡运动。城镇学生由国家统一安排上山下乡劳动锻炼，农村学生自行回乡参加劳动锻炼。

　　王文祥此时正值风华正茂的青春年华，他怀着对人生对未来的美好憧憬和梦想，意气风发、踌躇满志地回到了农村。

　　这正是：

　　　　徒步长征大串联，千里迢迢赴省城。

　　　　开阔眼界长见识，四大感悟励终生。

第三章

回乡磨难

王文祥回乡后，犹如一块无足轻重的破砖，哪里需要哪里搬；又像一根抵门杠，何处紧缺何处抵；更似一支千斤顶，危难险重时时顶。先后被发配从事一系列的繁重体力劳动，历尽麻辣酸苦。正如孟子所言："天将降大任于斯人也，必先苦其心志，劳其筋骨，饿其体肤，空乏其身，行拂乱其所为。"

真可谓：

理想现实两重天，回乡锻炼受熬煎。

苦难险重如炼狱，九死一生陷深渊。

第一节　看守玉米

有诗为证：

夜守坟山鬼门关，惊魂连连裂肝胆。

豹拖雷打生死劫，一存一亡命凄惨。

叩问苍天无回应，跪磕黄土泪涟涟。

谁道人生命中定？不信此生无运转。

为尽快改变新中国一穷二白的经济落后面貌，迅速赶上资本主义工业发达国家，国家依靠实行高度集中的计划经济和农村集体经济，依靠全民族的自力更生、艰苦奋斗，勒紧裤带，依托农业，大力发展民族工业。历史证明，新中国所走的这一发展路子是完全正确的。经过短短20多年时间的建设，到"文革"结束时，全国已经建立起了门类齐全、规模宏大的完整工业体系，基本实现了社会主义工业化，跻身于世界第六大经济体，在国防、科研等领域已经接近世界先进水平，创造了世界历史上前所未有的奇迹，为后来的改革开放、经济发展和人民生活的改善奠定了强大的物质基础，赢得了几十年和平发展的良好国际环境条件。

王文祥回乡时，河东公社已陆续办起了煤炭厂、砖瓦厂、石灰厂、建筑队、运输队等社办企业，社员既可从事农业生产，也可离土不离乡、在社办企业就地务工经商，并且建起了全县第一台水能发电泵，购置了全州第一台东方红拖拉机带推土机，实现了家家户户电灯亮，田间地头机耕忙的美好景象。同时还成立了文艺宣传队、篮球队、电影放映队，广播站，空前活跃和丰富了社员群众的精神文化生活。王文祥目睹家乡的巨大变化，心中的自豪感和振奋感不禁油然而生。

理想是美好的，现实却是残酷的。

大队开始安排他去深山老林砍伐木料，秋季集体的玉米成熟了无人看守，又将他和双根（本队的另一位地富子女）安排上山去看守玉米。

联新大队的玉米地处东山的半坡上，从家中到玉米地往返四公里山路，全是坑洼不平的羊肠小道，去时全是爬坡，回家全是下坡，遇到雨天，路面又窄又滑，行走十分困难。玉米地周围全是坟堆，他们的看守棚就搭建在玉米地上方中央的一个大坟堆

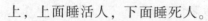

上，上面睡活人，下面睡死人。

　　起初，他俩对看守玉米充满了新鲜感和浪漫感。站在看守棚前向下放眼眺望，上百亩玉米丰收在望，倘若千军万马，荷枪实弹，浩浩荡荡，列队受阅，整装待发；微风一吹，又似旌旗猎猎、波涛阵阵、山呼海啸、好不壮观！坟头恰似点将台和司令部，他俩犹如指挥千军万马的小将，日夜发号施令，坐镇指挥操练，好不惬意爽快！不久，新鲜感便被苦险重取而代之。一曰，条件艰苦。晴天棚外太阳熏烤暴晒，棚内狭窄闷热，如同坐进蒸锅，酷暑难熬；雨天外面下大雨，里边下小雨，阴暗潮湿，低矮狭小，浑身全浸泡在水中；夜晚蚊虫疯狂叮咬，整夜难以入睡，满脸被咬得红肿不堪，挠痒难耐。时间一长，极易患上风湿关节炎等严重疾病。二曰，责任重大。平常吃住在山上，昼夜踡缩在用木棒和玉米秆临时搭建的看守棚里，时刻坚守岗位，除特殊情况外不准回家。每天围绕着玉米地不停地来回巡查，一旦发生被盗，不仅工分被扣，还要悉数赔偿。三曰，处境危险。地处荒山野岭、坟山鬼地，前不巴村、后不着店，四周灌木丛生，野兽出没无常，夜夜嚎叫不停，令人提心吊胆，担惊受怕。

　　天有不测风云，人有旦夕祸福。

自然界的天敌不期而至，向他俩偷偷袭来。一天半夜时分，王文祥和双根正在睡梦中，一只狗豹子突然窜进看守棚来，如饿虎扑食，猛地一口叼着双根的小脚便往外拖，整整被拖出了二、三米远，双根被拖醒后大声呼救，王文祥被惊醒后用手电筒不停地照射，狗豹子在手电强光的照射下睁不开眼睛，只好调头逃窜，消失在夜幕之中。双根的脚被拖咬得疼痛难耐，吓得浑身发怵，直打哆嗦，半晌说不出话来。王文祥借助手电光仔细一看，见其脚颈上被咬出两道深深的牙印，直冒鲜血。第二天他俩将此事向队长作了汇报，要求换为成年人看守，但队长不仅不予理睬，反训斥他俩晚上睡得太死，要求他们轮换看守睡觉。在经历这一夜惊魂之后，他俩白天砍些柴火放着，晚上在看守棚前烧上一堆篝火，同时还从家中带了一根钢钎放在身边，以防狗豹子再度偷袭。可每到夜晚仍然心有余悸，整夜难以合眼，数着天上的星星直盼天亮。

　　谁料老天趁火打劫，生死大难接踵而来。

　　二十多天后的一个晚上，狂风大作，暴雨倾盆，炸雷滚滚，他俩睡在草棚里吓得缩成一团，直到后半夜才昏昏入睡。可到天亮时王文祥醒来一看，被眼前发生的一幕所惊呆：双根所睡的一侧被雷电击

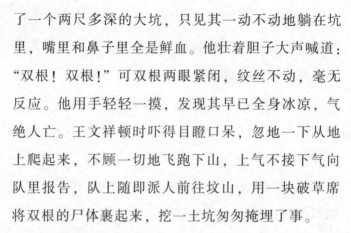

了一个两尺多深的大坑，只见其一动不动地躺在坑里，嘴里和鼻子里全是鲜血。他壮着胆子大声喊道："双根！双根！"可双根两眼紧闭，纹丝不动，毫无反应。他用手轻轻一摸，发现其早已全身冰凉，气绝人亡。王文祥顿时吓得目瞪口呆，忽地一下从地上爬起来，不顾一切地飞跑下山，上气不接下气向队里报告，队上随即派人前往坟山，用一块破草席将双根的尸体裹起来，挖一土坑匆匆掩埋了事。

王文祥眼见从小与自己朝夕相处、相依为命的小伙伴转瞬之间骤然消失，且遭受如此之冷遇，犹如五雷轰顶，天塌地陷，痛不欲生。无奈之下，他一气跑到掩埋双根的土堆前跪磕在地，捶胸顿足，嚎啕大哭，连连叩问苍天："命运对我们为何如此不公？人世于我们为何如此无情？老天为何只收双根而不收我？"可呼天不应，叫地不灵，随后哭倒在土堆上昏昏入睡。在冥冥之中，他恍惚看见双根正向自己挥手诀别："王兄，再见！我俩这辈子是生死兄弟，下辈子还是生死兄弟。你一定要坚强地活下去，我在上天保佑你！"

他慢慢醒来，痛定思痛，悲后思悲，幡然顿悟：生命来之不易，每个人都只有一次，自己的命运应当自己主宰。既然老天不要我死而要我活，活着就

大山民医

第三章 回乡磨难

70

要轰轰烈烈地干一番事业，活得顶天立地，活得壮丽精彩，活出个人模人样来。以不负苍天、不负双根、不负此生，而决不能如此窝窝囊囊，庸庸碌碌虚度一生。悲痛之余，他暗自咏诗一首为祭：

> 本是患难好兄弟，相约当兵把国报。
>
> 无奈同为黑五类，满腔热血随风飘。
>
> 今君不幸身先去，悲焰如炽胸中烧。
>
> 天留我才必有用，誓驾大鹏遨九霄。
>
> 自信人生二百年，会当击水三千丈。
>
> 不为人杰亦鬼雄，天堂会庆百年交。

后来队上又派一人同他一道看守玉米。但是，与双根在一起的日日夜夜，双根之死的一幕幕惨景，始终梦牵魂绕，刻骨铭心，难以释怀，成了他永远挥之不去的心灵之殇。

事后村里不少人同情地对他说："你是金刚之身，富贵之相，大难不死，必有后福！"王文祥不置可否，一笑了之。他以其后几十年的行动为之作出了铿锵有力的回答：奋斗改变命运，才干成就人生！

这正是：

> 夜夜惊魂守玉米，豹拖雷打生死劫。
>
> 大难不死立壮志，不为人雄亦鬼杰。

第二节　担掏大粪

有诗为证：

　　小小年纪充全劳，发配县城担大粪。

　　茅坑蛆涌蚊叮咬，臭气熏天味难闻。

　　往返担挑如搬山，双肩红肿眼发昏。

　　三日劳作病半月，疼痛难耐痒哼哼。

　　人道盘中米饭香，谁知担粪苦万分？

在当今农村包干到户的背景下，去十来里外的县城去掏担大粪，似乎是不可思议的事，但在上世纪六七十年代，这恰恰是越西农业生产的一大特色。在县城街道和附近的乡间小道上，经常看见一路路人马，肩挑大粪，似大雁成行，如蜜蜂采花，合着山歌和号子，伴着汗水与粪臭，往来穿梭，辛勤奔忙，形成了一道独特亮丽的风景线。

当时全国农业生产的"八字宪法"是：土、肥、水、种、密、保、管、工"。人道是："农业生产一

枝花，全靠肥当家"，肥占据仅次于土地的第二位。尽管当时已从日本进口使用化肥，但人们在实践中已认识到过度使用化肥造成土质板结和退化，如同人长期服用抗生素一样产生严重危害，且农产品远不如有机肥种植的口感与营养，所以大多转而使用传统农家肥。因县城机关单位的厕所全是人畜粪便，附近农村的生产大队，均分别向城区机关单位对口承包掏担大粪的任务。

联新大队对口承包担掏的是县医院厕所的粪便，每两月定期前往担掏一次。县医院的厕所很大，且全是人的粪便，每掏担一次要三、五天时间才能担掏完毕。从村上到县医院往返八公里，每担大粪重150斤左右，每人每天的任务是来回担掏两趟，上下午各一趟。

到县城担粪是又苦又累、又脏又臭的农活，一般妇幼老弱都吃不消，只有成年男性全劳力才能胜任。王文祥当时尚未成年，不属于全劳力，但由于村上全劳力不足，便安排他顶替。

担粪之艰辛，人们都用"四最"来形容：

——最苦在掏。

县医院的厕所又大又深，上面是尿水，下面是粪便。每次担粪，开始时各人站在上面自舀自担，

到后来浮在面上的粪水舀完了，必需下到坑里去掏粪便。掏粪是脏臭下贱的苦差事，一般人都不愿去掏，王文祥因系黑五类子女，队长指名点姓地叫他去掏。掏粪要先用木瓢一瓢一瓢地将桶装满，然后再一桶一桶地往上提，直到掏完为止。夏天毛坑内蛆蛹如潮翻涌，苍蝇蚊虫疯狂叮咬，臭气熏天，人被熏得眼鼻流涕，头昏脑胀，恶心呕吐，窒息难耐。最可悲的是，有时别人在上面拉屎拉尿，他在下面躬腰驼背地掏，稍不留神就被淋得屎尿满身，可他连大气也不敢出一声，只能忍气吞声，眼泪往肚子里流，掏完后上来在水管上自行冲洗一下了事。掏粪先是掏给别人担，最后才掏给自己担。等他掏完上来冲洗干净身上的粪水时，其他人早已跑得无踪无影。无奈之下，他只好独自一人挑着粪担拼命追赶，可当他上气不接下气地回到家时，人们又已经出发去担下午的一趟了，他只好狼吞虎咽地刨上几口饭，又急冲冲挑上粪担穷追猛赶。

——最累在担。

从联新大队到县城，全是田间小道，弯多路窄、沟坎不平，两边全是沟渠和稻田，一不小心就会连人带桶摔进水沟或稻田里，浑身上下全是粪便，狼狈不堪。晴天烈日当空，担粪犹如担山，又沉又累，大汗淋漓，口干舌燥，酷暑难耐；雨天全身被淋得如同落汤鸡一般，雨水、汗水、粪水三水横流，冷饿累交加，苦不堪言。担粪大有学问，会担者走路如同燕子般轻快如飞，不会担者两只粪桶不停地左晃右摆，如同泰山压顶，越担越沉，双肩被磨得肿痛不堪。何以如此？其奥妙在于：身体必须随着粪担的摆动而自然摆动，以保持重心平衡，以防粪水摇晃飘洒；行走要快步小跑，利用其惯性减轻压力；途中要适度换肩，以减轻对皮肤的重压磨损。王文祥开始不会担，别人力半功倍，他却力倍功半，人家早已到家休息，他却还在途中亦步亦趋、苦苦挣扎，到家时人已精疲力竭，可粪水却所剩无几。

——最饿在肚。

他家中姊妹众多，经常吃不饱饭，每次担粪返程时早已饥肠辘辘，浑身直冒虚汗，见到街边卖吃的忍不住直流口水，又身无分文，只好咬紧牙关，挑着粪担扭头而去。遇到水沟时不管三七二十一，迫不及待地放下粪担，伏下身子呼呼喝饱一肚子冷水后，再挑着粪担蹒跚而前。

——最疼在身。

每次担粪四、五天下来，两个肩头全是血印，双脚长满血泡，半个月左右才能恢复。每掏一次粪

便都要引发一次粪毒，全身浮肿，长满红斑血泡，形如发泡了的大馒头，痛痒难耐，惨不忍睹。成天不停地搔痒，可越搔越痒，越痒越搔，如同热锅上的蚂蚁，寝卧不安，度日如年。

　　这正是：

　　　　往返县城担掏粪，苦饿臭累受熏煎。

　　　　身处逆境任由天，含泪忍辱谈笑间。

第三节 东山挖煤

有诗为证：

> 东山顶上小煤窑，福祸祖辈知几番？
> 担罢大粪去挖煤，磨难重重又一关。
> 早进晚出人变鬼，身背大山坐活棺。
> 年复一年无尽头，岂知明朝人还安？
> 略施良计换粮吃，填肚充饥暗偷欢。

河东东山顶上有着丰富的煤炭资源，当地群众的生活燃料就靠煤炭。每年冬季，在忙完一年的农活后，生活在这里的祖祖辈辈人都要上山去挖煤炭，以解决冬季取暖和一年四季的生活用煤。

上山挖煤是所有农活中最苦最累最危险的差事，一般人都不愿意去。每年冬季，王文祥都被大队发配上山去挖煤。东山的煤碳属鸡窝煤，盖山厚，煤层薄，块煤少，细煤多，粉尘重，开采难度和危险性极大。

　　煤窑设施非常简陋，没有任何机械和安全设备。煤窑低矮狭小，洞口高宽见方约1.3米左右，越往里走越狭小，到挖煤作业区域，高宽见方仅两尺左右。洞内用木棒搭架支撑，作为煤窑唯一的安全手段。煤窑多为土石结构，地质松软，雨水和地下水渗漏严重，极易发生垮塌，人员被砸死压伤的重特大事故时有发生。上山挖煤的人都是家中的顶梁柱、全劳力。一家人中若有一个上山挖煤，全家人一天到晚都提心吊胆，惶恐不安。家人每天早上都要在心中默默祈祷，保佑亲人挖煤平安；傍晚都要在村口翘首眺望，期盼亲人安全归来。

　　挖煤工具仅靠自制的小油灯、小铁锹和拖煤用的木制拖船三样原始工具，全靠人工挖掘。挖煤全凭运气，一根煤洞一般要挖上200~300米左右才见煤，运气特好时挖几十米深就见煤，运气不好时挖几百米深都见不到煤。煤层一般一尺多厚，薄的地方仅几寸厚。挖煤作业区域低矮狭小、黑暗潮湿、空气稀薄，只能容纳一前一后两个人蜷缩作业，一个在前面负责挖掘，一个在后面负责用煤船往外拖。

　　挖煤只能蜷缩着身子，半躺在坑道上艰难作业，边挖边喘粗气，且粉尘四溅，呼吸困难，令人窒息。从早上进洞到下午收工，除午饭时间出来稍事休息放风外，其余时间全在洞内作业。一天下来，累得腰酸背痛，精疲力竭，天旋地转，两眼直冒金花。挖煤人自己戏言：

一头钻进活棺材，命悬生死未安埋。

入洞堂堂是男儿，出洞如同鬼一般。

满身乌黑如煤炭，只余两眼溜溜转。

半世挖煤一世病，可怜唏唏上西天！

拖煤要四脚四手地蹲在坑道上，成九十度地躬着身子，背朝洞顶，脸朝坑道，脚蹬步梯，一步一趋地向外艰难拖行。煤船为四尺左右的长方形圆木掏空而成，底部两侧各嵌有一铁条作滑行，煤船拖绳上半部分为牛皮，下半部分为铁链，一头系于人肩头，一头系于煤船。每船煤重约150斤至200斤之间。煤窑一般几百米深，外高内低，呈"牛吃水"状，进洞为下行，出洞为上行，坡度达二三十度以上，每拉出一船煤炭均累得气喘吁吁，满头大汗。

挖煤的人除了牙齿和两只眼睛外，浑身上下如同黑人一般，连吐出的口痰都是黑的，对人体的危害特大。挖一个冬季的煤，要吐几个月的黑口痰。常年挖煤的人大多患有矽肺病和风湿病，不少人只活到五六十岁就呜呼哀哉了。在当地流传着这样一首民谣：

身背大山坐活棺，只见黑夜不见天。

脚踏地狱鬼门关，一不小心到阴间。

挣下满身矽肺病，换得几文吊命钱。

一命呜呼见阎王，妻儿老小丢人间。

为求挖煤吉利，挖煤人每年在上山的第一天和最后一天，都要带上一只小鸡和腊肉去祭拜山神，以求保佑平安。每天进洞挖煤前，都要在洞口观察"亮子"亮不亮，即观察挖煤用的菜油灯亮度够不够，亮度够表明洞内氧气充足，可进洞作业；油灯混暗或不亮，意味着洞内瓦斯气体浓厚，氧气稀薄，容易发生爆炸，要等油灯明亮时才敢进洞作业。若强行入洞作业，轻则胸闷气短、令人窒息，重则瓦斯爆炸、血肉横飞，洞毁人亡。

从村里到山顶挖煤，往返要走十来公里的山路，来回要走两个多小时。上山全是爬坡，累得气喘吁吁，大汗淋漓；下山全是陡坡，走得两腿发软，直打闪闪。王文祥和同伴们每天早上天不亮就穿上草鞋，背着干粮，顶着月亮上山；傍晚下山时，每人还要背上一背两百斤左右的煤炭，顶着满天星斗，一步一拐地摸黑下山。回家吃了夜饭，将脸脚一洗，往床上一躺，便呼呼大睡。

入洞挖煤要讲究技巧和经验，王文祥因为年龄

大山民医

第三章 回乡磨难

80

小，既无经验又无技巧，其主要任务是负责拖煤。每天上午9点左右进洞，一直要拖到下午6点左右下山，不包括回家往返和午餐休息时间在内，作业时间在八小时以上。平均20分钟左右拖一趟，一天要拖二、三十趟。每天下来，两个肩头被拖绳勒得红肿不堪，累得全身瘫软，精疲力竭。

他们挖一天煤炭挣20个工分，自背一背煤炭回家要扣去8分，当时黑市大米为0.68元一斤，要挖五六天煤炭才能买到一斤大米。

因为粮食紧张，吃不饱饭，每天一到下午饥肠辘辘，王文祥便提议暗中用煤炭与山上的彝族同胞换玉米吃，得到了大家的一致赞同。自此之后，人人家中既有煤烧，又有粮吃，一举两得，何乐而不为？可好景不长，消息不久便传到了大队支部书记的耳里，认为王文祥鬼点子太多，随即取消其挖煤资格。

这正是：

充军东山挖煤炭，命悬生死一线间。

以煤换粮解饥饿，天机泄露贬下山。

第四节　制造炸药

有诗为证：

大禹治水千古传，今朝降龙史无前。

战天斗地学大寨，敢叫山河换新颜。

男女老少齐上阵，千军万马战犹酣。

天寒地冻何所惧，烟熏火烤勇当先。

功垂千秋荫子孙，当年甘苦向谁言？

1969年，党中央、毛主席发出了"愚公移山、改造中国"的伟大号召，一场以改田改土为中心的农业学大寨运动在全国轰轰烈烈兴起。其持续时间之长，群众发动之广泛，声势之浩大壮观，任务之艰巨繁重，成就之宏伟辉煌，历史意义之巨大深远，堪称中国历史之最。据不完全统计，全国改造高标准农田5亿多亩，新建大中型水库86000多座，同时修建了星罗棋布的乡村公路、小水电站、小水库等农业基础设施，可谓改天换地，重振河山。为新中

国后几十年的农业发展奠定了坚实基础，发挥了无可估量的巨大作用，造福子孙后代。

越西河系越西境内最大的河流，每年洪水泛滥，给沿线农业生产和人民生命财产造成了巨大损失。因此，县委、县革委组织动员广大干部群众，开展了轰轰烈烈地改造越西河的大会战。其场面之宏伟壮观，可谓百闻不如一见：

> 旧河泛滥民遭殃，吞噬多少田粮产。
>
> 愚公移山学大寨，男女老少齐会战。
>
> 十里长堤红旗展，歌声飞扬炮震天。
>
> 越西人民多奇志，战天斗地谱新篇。

会战最为紧俏的是炸药。为解燃眉之急，县上决定由县农水局牵头，从沿线各公社火速抽调人员到小鼓山组建临时炸药厂，制造炸药。

各公社抽调去造炸药的共12人。抽调人员每月由县农水局付给其所在生产队38元工资，队里每天给本人记10分工，折合人民币0.18元，另每人每月补助15斤玉米（每天半斤）。

王文样后来听人讲，原先抽调去制造炸药的人没有他，是大队书记向公社反映，说他在东山挖煤耍猾头、暗中出馊主意以煤换粮吃，所以被贬去造炸药。

83

炸药厂临时选择在城郊公社的河坝上，地处县城南面的小鼓山下，毗邻越西河畔。这是历史上越西河洪水泛滥冲积而成的一片乱石河滩，前不巴村，后不着店，远离县城和周围乡村，一派荒凉破败景象，历来是埋死人和丢弃死牛烂马的地方，白天老鸦在空中凄厉盘旋，夜晚野兽出没拖咬嚎叫，被人们称之为"屙屎不生蛆的孤魂野鬼之地"。

临时抽调人员早晚吃住在县农水局，白天徒步去炸药厂上班，中午在厂里吃自带的馒头和菜汤，生活十分寒酸。从农水局到炸药厂往返六公里，来回要走近两个小时，每天早出晚归，风雨无阻。

炸药厂设施极其简陋，处于"五无"状态：一无正规厂房，二无生产设备，三无专业人员，四无专门技术，五无安全防护，全系临时凑合，土法上马，干打垒。全部家当就是城郊公社废弃的两间草房和一间瓦房：一间堆放硝酸铵等原料，一间堆放成品炸药，另一间为生产工作间。

用什么原料来造炸药？如何配制炸药？临时抽调人员对此一窍不通，一问三不知，谁也没有尝试过，感到十分神秘陌生。开工当天，县农水局的技术人员手舞足蹈地向他们讲解了几分钟，进行了简单的示范后，便叫他们立马开工生产。

这时他们才恍然大悟，原来制造炸药的主要原料就是硝酸铵和锯木面。制作方法非常简单：先将锯木面放在大铁锅里炒干炒黄，待冷却后与硝酸铵混合在一起，便成了成品炸药，最后分别装袋运往改河造地的各个工地。

生产炸药的条件极其原始和艰苦，一天到晚与烟雾、锯木面和硝酸铵打交道。炒锯木面的工具就是三个石头、一口大铁锅和一堆木柴，下面用石头作支撑，上面放上大铁锅，在锅内放入锯木面后，边烧柴火边进行翻炒。炒锯木面烟雾腾腾，粉尘飞扬，整个屋子和人全笼罩在烟尘之中；将所炒锯木面与硝酸铵倒在一起合拌炸药，刺鼻熏眼，异味难闻，令人发呕，对人体尤其是肺部的危害特别严重。一段时间下来吐痰咳嗽不止，面黄肌瘦，精神萎靡，食欲不振。

生产炸药的危险性特大，犹如站在刀尖上跳舞，坐在火山口上玩命。在生产的各个环节都必须小心翼翼，精心操作，安全至上，严把三度：一是严格把握好温度，防止过热，严禁烟火；二是严格把握好力度，轻拌、轻拿、轻放，减少摩擦，以防爆炸；三是严格把握好干度，环境和空气过于干燥，用力过猛，摩擦过大，随时可能引发血肉横飞、房毁人

亡的惨剧，环境和空气过于潮湿，又会导致炸药受潮失效。所幸的是，他们一切严格按规程操作，未发生过任何大小安全事故。可谓天星高，福命大，老天保佑。

县上派了两个全副武装的基干民兵驻厂看守监管，其中负责者为排长。县上起初要求每天完成3000斤的生产任务，但供不应求，各个工地每天都派人来厂等提炸药，随即要求每天生产10000斤。另一位基干民兵向排长建议说："他们人手太少，任务太重，危险性太大，难以完成，是否向上级反映，适当减少任务。"可排长硬给他们加大任务，完不成不准休息。他们不得不延长工作时间，加班加点奋战，每天深夜才拖着疲惫不堪的身体步行回驻地睡觉。

同伴们成天面对危险繁重的任务，无可奈何，一筹莫展。王文祥经过细心观察了解，遂向大伙提出两条建议：

一是建议将炸药生产由三组生产改为六组生产，每组由4人改为2人，以挖掘潜力，降低消耗，提高效率。二是炸药厂地处人烟稀少的越西河平缓地段，河中鱼虾较多，建议成立业余生活组。利用早午晚间隙，组织开展捉鱼摸虾和游泳比赛活动，以改善生活，缓解工作紧张状况。当即得到了大伙的一致支持，并推举他为业余生活组组长，立马付诸实施。走好一个子，下活一盘棋。两条小小的建议，带来了三大预想不到的可喜结果：既挖掘了潜力，提高了生产效率，又锻炼了身体，改善了生活，使大家每天在紧张劳作之余，吃到了一顿丰盛的鱼虾美味，做到了生产、娱乐、生活三不误，使原本危险劳累，艰苦乏味的枯燥生活一下子变得生动活泼，有滋有味。炸药厂工作结束时，大伙仍依依不舍，念念在怀。

改造越西河的大会战结束时，县上隆重召开了农业学大寨积极份子表彰大会，王文祥作为可教育好的黑五类子女代表被推选参会，受到隆重表彰。当县领导郑重地为其戴上大红花并与之握手时，他热泪盈眶，激动不已。

人道是岁月蹉跎，往事不堪回首。但王文祥后来每次回越西老家时，都要到小鼓山炸药厂原址去看一看，在越西河的大堤上走一走。回想当年人山人海修河造地和烟熏火烤造炸药的情景，目睹修建一新的十里长堤，心中感慨万千。

这正是：

> 贬下煤山上鼓山，日夜惊魂造炸药。
>
> 个人安危度身外，烟熏火烤苦为乐。

第五节　雪山采药

有诗为证：

　　造罢炸药采草药，踏破雪山千重障。

　　风餐露宿炼筋骨，卧冰饮霜赏星光。

　　赤脚双双尽血印，雪地梅花分外骄。

　　猎食熊罴遭训斥，韬光养晦忍为高。

　　1965年，党中央、毛主席根据全国广大农村缺医少药的状况，发出了"把医疗卫生工作的重点放到农村去"和"中医药学是一个伟大的宝库，应当努力发掘，以更好地为保障人民健康服务"的伟大号召，即著名的"五七"指示和大力发展中医药事业的指示，全国轰轰烈烈地掀起了大力培养农村赤脚医生和大力推广中草药的群众性医药卫生运动，在推动中医药事业发展，改善广大农村缺医少药的状况，提高人民健康水平方面，发挥了前所未有的巨大作用。

大山民医

第三章　回乡磨难

2015年屠呦呦获得的世界诺贝尔医学奖，正是在这一时期取得的丰硕成果。屠呦呦幼时任中国中医药研究院青蒿素研究中心负责人。她积极响应毛主席的伟大号召，从中国古典中医药学运用青蒿素治疗疟疾的相关论述中受到启发，带领其科研团队奋勇攻关，从而发明了治疗疟疾的特效中草药——青蒿素注射液，挽救了全世界数亿人的生命，为人类健康作出了重大历史贡献。屠呦呦在颁奖仪式上十分感慨地说："青蒿素的发明，功劳不能归功于我个人，首先要归功于伟大领袖毛主席亲自发动和领导的大力发展中医药事业的群众运动，归功于千千万万的广大科研人员这个集体，我只是其中的组织者和参与者之一。"

小鼓山制造炸药的工作结束后，因县农水局医务室和兽医站大量需要中草药，便将原炸药厂的临时借调人员组织上山采挖中草药。王文祥又与伙伴们一道，开始了长达三年多的采药的艰辛历程。

兽医站首先是安排他们去阳糯雪山采挖灵芝、贝母、天麻、川芎、羌活、黄芪、黄连、锁阳等中草药。

阳糯雪山横跨越西、冕宁两县，海拔4800余米，常年冰天雪地，空气稀薄，人迹罕至。放眼眺望，

白雪皑皑，银装素裹，气象万千；身临其境，气候变幻莫测，时而艳阳高照，时而雷鸣电闪，时而狂风大作，雹雪交加。高寒独特的地理环境，孕育了极为丰富的野生动植物资源和药材资源。

从县城去阳糯雪山挖药，全是大山深沟，绝壁天堑，艰险遥远，行走十分困难。单边要走两天时间，第一天住大岩沟，第二天才能到达目的地。上山挖一次药来回要一周时间。

兽医站对挖药有严格的规定，要求每人每次必须采挖野生中草药20斤以上，完不成任务不准下山，否则扣发工资。因此，他们每次上山挖药都要带上几天干粮和彝族擦尔瓦、羊毛披毡及军大衣等御寒衣物，吃住在山上，直到挖够规定的药材标准才能下山。

在雪山挖药，全靠吃干粮、喝冰雪水充饥。白天在冰天雪地中满山奔走，四处采挖草药；夜晚分别砍来一些树枝，在中间烧上一堆篝火御寒。开始时，几个人在地下垫上羊毛毡，披着擦尔瓦和军大衣，紧紧蜷缩在火堆周围露宿过夜，前胸被烤得火热发烫、睁不开眼睛，后背却冷如冰块、通宵无法入睡，全都患了感冒。随后便改为砍树枝搭木棚过夜，可野狼、狗豹子、狗熊等野兽四处出没，整夜

嚎叫不停，睡觉提心吊胆，担惊受怕，夜夜惊魂不定。

一天中午，他们外出挖药回来取干粮吃午饭时，发现挂在树棚顶上的干粮被野兽掏吃一空，地上拉了一大堆粪便。从粪便的气味和形状来观察，十有八九是狗熊所为。大家分析推测，狗熊吃到甜头后一定还会再来，于是决定设计打杀狗熊来充饥，继续坚持挖药，待挖够任务后再下山。大伙用斧头砍倒一棵大杉树，分别用刀将树枝削成若干尖尖的木楔，顺着树干中心的直线，一米左右打一根，强行将大树打出一条长长的裂缝，以待狗熊再来寻食时将其紧紧夹住，然后藏在附近的树林中静静观察，等其上钩。果然不出所料，下午五点左右，一只大狗熊爬到砍倒的大树上，沿着裂缝来回寻觅食物，随后坐在树干上抱着木楔不停地摇曳，木楔一松，狗熊屁股便被裂缝死死夹住，痛得撕心裂肺，嗷嗷大叫。众人蜂拥而上，纷纷用锄头和斧头朝着狗熊猛打乱砍，但怎么也打不死。王文祥忽然想起父亲说过："狗熊的要害是头部，打狗熊必须打头。"于是他叫大伙对准其头部，三五几下便将狗熊活活打死，接着剥去熊皮，煮食熊掌和熊肉，大家狼吞虎咽，美美地饱餐了一顿。第二天，他们挖足草药后，

将所剩熊肉各分一份，分别背上草药和熊肉，一路欢歌笑语，凯旋而归。

世上没有不透风的墙。他们杀食狗熊的消息不胫而走，很快便传到了兽医站长和大队支部书记的耳里，两人先后训斥王文祥："组织上派你们去雪山挖药，打杀狗熊的事为何不报告，暗自私分独吞，目无组织纪律！人在屋檐下，不敢不低头，他只好连连点头认错。

历时两年的雪山挖药，王文祥获得了同伴们的三大美誉：

——"血地梅花"。大家所带的御寒衣物都比较厚实，唯独他带的衣物十分单薄，晚上只好和大家挤在一起过夜；众人都穿胶鞋，唯有他穿草鞋。后来草鞋穿烂了，只好打着赤脚在冰雪中奔走，双脚被冻裂成条条血口，疼痛钻心，鲜血直流，在其身后留下了一道鲜红的血印，被伙伴们戏称为"雪地梅花"。

其二，"小小药王"。他把雪山挖药当作学药认药的课堂，随身携带着中草药图谱，一边挖药，一边反复对照辨认，并含在口中品尝，认真了解每一种中草药的味道、性能、特点与作用，挖药到哪里，学习辨认就到哪里。每到宿营地别人早已休息，他

都要将当天所挖的药物分门别类地进行编号归类，留取标本，以便于记忆和运用。加上他在之前跟随父亲上山采药认药的经历，到雪山挖药结束时，他已能熟练地掌握和运用800余种中草药。大家每说一种中草药，他都能将其形状、特点、产地、作用及配方，一一娓娓道来，准确无误，令同伴们惊叹不已。

——"战地医生"。伙伴们中途感冒发烧、不慎摔伤扭伤或服药中毒，都是他扯草药让其嚼服和针灸、按摩了事。一次，一同伴在山崖边挖药不慎摔伤腰部，他采用按摩和扯草药敷治结合，数次便愈。又一次，另一同伴不小心将草乌含在嘴里品尝中毒，他当即叫其自行尿尿来喝，立马解除了药毒。

雪山挖药结束时，伙伴们你编我逗，将挖药的艰辛经历编成一首打油诗来自我调侃传唱：

> 谁道雪原无人迹？穿云破雾采药欢。
> 薄毡单衣傲严寒，干粮冰水当美餐。
> 大地为床天作房，风雨洗脸星相伴。
> 千峰万壑留倩影，虎狼高歌奏凯旋。
> 踏破铁鞋正年少，大好青春献雪山。

这正是：

> 人们只道吃药苦，谁知挖药苦中苦。
> 三载光阴蹉跎过，一代药王此破土。

第六节　情寄成昆

有诗为证：

> 下了雪山上冒山，时值三线大会战。
>
> 炮声震天红旗展，地动山摇战犹酣。
>
> 情寄成昆尽绵力，感同身受共忧欢。
>
> 斗转星移四十载，谁记当年创业艰？

雪山挖药结束后，站里又派他们去冒尔山、裤裆沟、铁西等成昆铁路建设沿线采挖了一年多的党参、当归、天麻、葛根、草乌、何首乌等中草药。

成昆铁路从四川成都到云南昆明，时为全国三线建设的重大工程项目之一。

上世纪六十年代初至七十年代中期，党中央、毛主席立足新中国的长远发展和战备需要，高瞻远瞩，运筹帷幄，将全国工业和国防建设分为一、二、三线，即沿海和东北地区为一线、中部地区为二线、西部地区为三线，进行重大战略布局的调整，从东北和沿海工业集中区内迁了数千个工业企业，在中西部地区兴建了一大批重大工业、科技和国防建设项目。可以毫不夸张地说，没有当初三线建设奠定的强大工业、科技和国防基础，就无以冲破帝国主义和苏联修正主义的重重经济封锁，就无以取得几十年来中国在国际上的重要地位，更无以实现当今改革开放与经济建设的大发展。有人形容："民主革命一无所有打天下，新中国从无到有建天下，改革开放从弱到强富天下。"

成昆铁路于1959年上马开工，1970年全面建成通车，全程1100公里。其中隧道、桥梁就占了总里程的一半左右。铁路地处四川盆地至云贵高原断裂带的大山区，沿途全是高山峡谷，绝壁天堑，大川深沟，地质情况之复杂，人财物投入之巨大，工程任务之艰巨，人员伤亡之众多，付出的代价之惨重，为世界铁路建设史上的一大奇迹。成昆铁路建成运行几十年来，为祖国的三线建设、国防建设和西南地区经济发展与人民生活改善，发挥了举足轻重的重大历史作用。

王文祥他们在此挖药期间，正值铁路建设进入打隧道、架桥梁、铺铁轨和建成通车的关键阶段。他们何曾知晓成昆铁路对于西南和全国经济建设之

95

重大意义？但他们深知对于结束越西祖祖辈辈与世隔绝的生活状态，加快家乡经济发展的重要性，因而自觉将铁路建设与家乡命运和个人命运紧密结合起来，一面挖药，一面积极关心铁路建设，在其思想上先后经历了四大心路历程：

——感慨与振奋。在成昆铁路建设沿线挖药期间，他们环顾一幅幅"为有牺牲多壮志、敢教日月换新天"，"下定决心、不怕牺牲、排除万难、去争取胜利"，"早日建好成昆线，为建设祖国大西南作贡献"的大红标语；目睹红旗飘扬、炮声隆隆、喇叭声声、工人师傅加班奋战、架桥机铁臂高扬架桥梁的火热场面；置身人山人海、锣鼓喧天、载歌载舞庆祝胜利通车的欢腾景象，心潮澎湃，感慨万千。内心深为铁路工人志在天涯建铁路、哪里艰苦哪安家、大干快上赶工期、早日建成成昆线的雄心壮志所感动，深为祖国建设一日千里、突飞猛进的大好形势所振奋。

——真情与友谊。一天中午，他们去铁西工程队伙食团买菜汤喝时，遇到隧洞塌方，造成一死一伤的重大事故。伤者系大腿骨折，工程队医生向队领导报告说，工程队医务室条件简陋，无法医治，

需要送去数百里外的铁二局医院做截肢手术，路途太远，病情紧急，远水不解近渴。王文祥在仔细察看了伤者的情况后自告奋勇地说道："我出身于中医世家，是本地土生土长的骨科医生，从小跟着父亲四处行医治病，我保证在不转院、不做截肢手术，不留残疾，不花一分钱的情况下，就地扯中草药为其治好。"工程队领导半信半疑地问道"万一你治不好怎么办？"王文祥掷地有声："如果治不好，我砍自己的一条腿赔他！"因工程队领导和医生之前对其医术已有所耳闻，在情急之下，只好同意让其试试。他采用手法复位、小夹板固定和草药内服外敷的方法为其治疗，一月痊愈。铁路工地沿线由此慕名而来找其看病的人络绎不绝。在一年多的成昆沿线挖药期间，他先后为100余名铁路工人及家属看过病，与其中不少人结下了深情厚谊。

——悲痛与欣慰。1970年4月，他们在成昆铁路下普雄段挖药时，亲眼目睹一列装载碎石的下行货运列车因刹车失灵，与一列上行的旅客列车在拉白车站附近相撞，造成车毁人亡、血肉横飞的特大惨剧，越西县第一、第二人民医院顷刻间住满了血肉模糊的伤员。王文祥当即返回大队报告了这一情况。

大队领导立马表态："铁路工人老大哥为修建成昆铁路作出了巨大牺牲和奉献，我们农民兄弟岂能熟视无睹？"遂责成王文祥等人挨户筹集鸡蛋，派人前往慰问。社员们一听说是慰问铁路伤员，纷纷主动捐赠，短短两个小时便筹集了30来只鸡、300多个鸡蛋。王文祥等在大队领导的带领下，背着慰问品专程前往县医院慰问，受到了铁路和地方领导的亲切接见和表扬。他们尽管十分劳累，内心却感到非常欣慰。

——鼓舞与自豪。随着成昆铁路的胜利建成，京昆铁路由此全线贯通，西昌卫星发射中心、攀枝花钢铁基地等一大批国家重大工业和尖端科技项目相继建成投产，其中不少又落户凉山，由此带来了国防建设、西南建设、凉山建设的大发展和人民生活的大改善。他深为祖国建设的大好形势所鼓舞，深为自己生长在这个伟大国度、伟大时代而感到无比的骄傲和自豪。

在后来的几十年中，不论是回老家越西还是去外地出差，他在成昆线乘坐火车不知来来回回往返了多少次，可以说从青年坐到中年，再从中年坐到了老年，每次都触景生情，浮想联翩，心情久久难以平静。

　　这正是：

　　　　二次挖药上冒山，时逢成昆大会战。

　　　　情系铁路寄深情，钢流千里共婵娟。

大山民医

第三章

回乡磨难

第七节　西山建房

有诗为证：

　　西山建房路遥远，蹚水过河苦难言。

　　背泥筑墙如背山，腰酸背痛累何堪？

　　亲戚相见不相认，权势作祟分贵贱。

　　仗义挺身护干部，美德佳话乡间传。

　　1971年，联新大队承包了凉山州西山煤矿的房屋扩建工程的土建部分。由于建房队人手不够，大队又令王文祥停止采药，参与建房队去西山煤矿建房。

　　西山煤矿原属越西县的地方小煤矿，上世纪六十年代中期因成昆铁路建设上马需要大量煤炭，继而扩建升格为州属煤矿，工人多达1000余人，办公用房和职工住房十分紧张，因而急需改造扩建。联新大队地处东山脚下，而西山煤矿地处西山半坡上，两者遥遥相对。王文祥和伙伴们从家中到矿上往返要走10来公里，均系崎岖山路和羊肠小道。去时全是上山爬坡，累得满头大汗，上气不接下气，返回时全是下坡，走得腰酸腿软、双脚直打闪闪，往返要走4个小时左右。

他们每天早出晚归，途中要打着赤脚踩过越西河。时值冬季农闲时节，天寒地冻，冰风凛冽，河水齐腰深，寒冷刺骨，双脚踩在河底坚硬的乱石上，如同针扎一般，上岸后双脚红肿发烫，顿时失去知觉，麻木疼痛不堪。人们在往返途中最怕的就是踩水过河，又不得不硬着头皮过。

土建工程是就地取土筑墙建房，房屋为土木结构。每天筑多少墙都有严格规定，不完成任务不准离开。建房队每天早上6点钟从家里出发，8点左右到达矿上，立马投入一天的紧张劳作，除午饭时稍事休息外，要到下午6点钟才收工下山，回到家里已是傍晚上灯时分。

王文祥的任务是与同伴们一道从地下背泥土上墙，供掌板师傅打筑，每背约三到四撮箕泥土，重150斤左右，一天要背四、五十次，像机器一样往返不停地运转，每天一到下午，累得腰酸背痛，昏头转向，回家吃了晚饭，便倒床呼呼大睡。

满心期待会老表，冷遇白眼透心凉。建房队中家景好的中午在煤矿伙食团搭伙吃饭，而王文祥连5

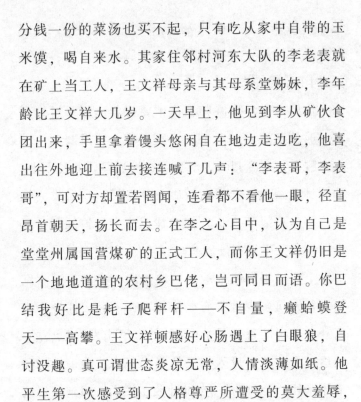

分钱一份的菜汤也买不起，只有吃从家中自带的玉米馍，喝自来水。其家住邻村河东大队的李老表就在矿上当工人，王文祥母亲与其母系堂姊妹，李年龄比王文祥大几岁。一天早上，他见到李从矿伙食团出来，手里拿着馒头悠闲自在地边走边吃，他喜出往外地迎上前去接连喊了几声："李表哥，李表哥"，可对方却置若罔闻，连看都不看他一眼，径直昂首朝天，扬长而去。在李之心目中，认为自己是堂堂州属国营煤矿的正式工人，而你王文祥仍旧是一个地地道道的农村乡巴佬，岂可同日而语。你巴结我好比是耗子爬秤杆——不自量，癞蛤蟆登天——高攀。王文祥顿感好心肠遇上了白眼狼，自讨没趣。真可谓世态炎凉无常，人情淡薄如纸。他平生第一次感受到了人格尊严所遭受的莫大羞辱，在内心暗暗发誓：此生若不超过你，活出个名堂来，我誓不为人！

斗转星移，物是人非。时隔九年后的1977年，王文样摇身一变，成为凉山州卫校正儿八经的班主任教师，带领中医毕业班学生来越西县医院实习。此时的李老表对王文祥则前后判若两人，将其奉为上宾，表弟长、表弟短地叫个不停，既是盛情款待，又是呼前拥后，毕恭毕敬，大献殷勤。前后两相对照，王文祥心中五味杂陈，感慨万千：

　　　　同是一个李老表，缘何变作两副脸？

　　　　前如冰霜冷无情，后似春风尽媚颜。

　　　　人性原本真善良，何分高低与贵贱。

　　　　有权有势众攀附，贫困潦倒鬼怕见。

　　路见不平拔刀助，大义凛然救危难。建房队在西山煤矿建房期间，该矿党委副书记、矿长耿道成向来坚持原则，办事公道，清正廉洁，经常以身作则带头下井挖煤，与矿工同吃同劳动，在工人群众中享有良好口碑。矿造反派头子张某长期好逸恶劳，经常无故旷工，拒不下井参加劳动，屡教不改，耿曾多次对其进行严厉批评教育。张由此怀恨在心，文革中将耿打成"现行反革命"，反复召开批斗大会，对其无休止地进行残酷批斗和毒打，致使身心受到严重摧残。好心的工人群众趁天黑将其背去煤矿后山的山洞中躲藏。张带人提枪四处搜山抓人，扬言"实行就地正法"。矿工们在无奈之下只好向建房队求救。建房队员们对矿造反派的所作所为早已深恶痛绝，对耿之不幸遭遇深表同情，遂连夜将其转移到十余公里外的建房队员家中轮流进行隐藏和保护。王文祥自告奋勇地充当联络员，在矿工和建房队员之间暗中传递信息。一发现造反派前来搜查

抓人，便提前通知相关人员迅速做好转移保护。矿造反派几次向其打听消息，王文祥均巧言利舌，随机应变，从容应对。隐藏保护工作前后长达八个月之久，直到耿被解放出来重新工作才宣告结束。建房队员们仗义挺身救干部的事迹由此在广大干部群众中被传为美谈，王文祥也由此获得了一个新的光荣称号："机智勇敢的地下联络员"。真可谓：

好逸恶劳成顽逆，领导管教心怀恨。

黑白颠倒泄私怨，残酷迫害惹群愤。

矿地同心施援手，众志成城护忠臣。

暗中挺身当联络，大义凛然斗鬼神。

在建房期间，王文祥还通过细心观察，发现在西山煤矿堆积如山的废矿渣中，夹杂有不少的小煤块，遂向同伴们建议：利用中途休息时间去矿渣中拣煤块，下午收工时背回家去，以弥补家中燃煤的不足，得到了大伙的一致赞同。从此，他们每天下山时都要分别捡上一背煤块背回家去。在建房期间捡回家的煤炭加起来，比他们在东山挖煤时背回家的还要多，大家对这份意外的收获感到非常满意。

这正是：

建房劳苦无处诉，反遭表兄翻白眼。

爱憎分明义当先，智斗邪恶扶良善。

第四章

筑梦医学

　　王文祥自幼酷爱学医，从做梦学医、模仿学医、暗中学医、随父学医、乡村赤医、畜牧兽医到共大学医，一步步走上了漫长艰辛的创业办医之路，演绎了一曲曲行医治病的不屈壮歌。正如屈原所言："路漫漫其修远兮，吾将上下而求索。"

　　真可谓：

　　　　魂牵梦绕苦为医，历尽劫难终无悔。

　　　　志存高远创大业，铸造辉煌报春晖。

第一节　随父学医

有诗为证：

　　医门自幼受熏陶，矢志为医励终生。

　　随父治病学真知，如雨润物细无声。

　　刻骨铭心记教诲，做人从医德为本。

　　贫富贵贱视同仁，仁心妙手送瘟神。

　　跋山涉水寄深情，走村串寨留美名。

　　王文祥自幼对父亲行医治病耳濡目染，饱受熏陶，平时和同伴一起玩耍，都在模仿父亲如何给人把脉诊断、接骨斗榫、配方抓药。看到一个个病人从四面八方到父亲这里痛苦求医而来，又看到他们从父亲这里满面春风微笑而归，内心对医生职业充满爱慕，矢志从医的念头不禁油然而生：认为行医治病既能为群众解除痛苦，同时又有可观的经济收入，足以养家糊口。这是义利双收的高尚职业，打着灯笼火把也难找，何乐而不为？因此，他从小就酷爱学医，有时在睡梦中都梦到随父走村串寨，四处行医。

起初，父亲认为他成天贪玩好耍，不务正业，加之有传大不传小的祖训，只教大哥学医而不教他，外出行医治病也只带大哥而不带他。

王文祥天生就是个犟脾气：你不教我学我偏要学。只要看到父亲在家为人治病或是晒制中草药，他都在暗中认真观察、仔细揣摩，久而久之，对父亲把脉诊病、推拿按摩、接骨斗榫、扎银针、做手术，到辨认和配制中草药的各个环节，他均耳熟能详，心领神会，并反复琢磨，举一反三，烂熟于心。

后来父亲发现他脑子灵活，记忆力强，悟性好，学医上手快，一看就懂，一教就会，天生就是个学医的料。于是从王文祥读小学开始，每逢星期天和节假日，父亲都叫上他与大哥一道随行外出治病。

有心栽花花不开，无心插柳柳成荫。父亲原本看好的老大，学医多年并无多大长进，令其大失所望；原本不看好的老二，医术却一路飙升，后来居上。其父索性一改祖规，只教老二不教老大，外出行医也只带老二不带老大。1966年"文革"开始后，王文祥中断学业回乡务农，白天在生产队参加集体劳动，早晚正式随父亲四处行医治病。

外出治病，开始以父亲诊治为主，他当助手，帮助父亲背药箱和配药抓药，父亲边治边教，他边当助手边学。不久，疑难病症由父亲诊治，简单病症由其诊治，父亲在旁观察指点。

治病以普通群众为主要对象，无论彝汉穷富，生人熟人，本地外地，有钱无钱，坚持一视同仁，患者为大，救人第一。在医疗态度上，不论是白天还是深更半夜，也不论是烈日酷暑还是风雪严寒，只要有人敲门叫诊，历来有求必应，有请必往，有病必看。一年四季披星戴月，四处走村串户，巡回为群众治病，

治病方法，靠的是一双手、一根银针、一把刀（铁丝烧红自制的手术刀）、一把草药的"四个一"传统医术。简单适用，用时短、见效快、痛苦少、无副作用。而不像如今一些医院和医生，动不动就大输液、动手术、服用抗生素。

收费根据病人家庭经济情况，低廉实惠，富裕者全收，贫穷者少收或不收，特困者反解囊相助，因而大受百姓欢迎。人们亲切地尊称其父子是："老百姓的贴心诊所""巡回的流动医院""经济实惠的全科医生"。

王文祥在随父行医的过程中，既学到了父亲所

传授的医术和经验，又潜移默化地从父亲那里秉承了悬壶济世，救死扶伤，积德行善，从医做人的优良品德。

一天深夜两点过，周围的人正沉浸在睡梦之中，突然有人声嘶力竭地哭喊敲门："王先生、王先生，请救救我们家娃娃呀！"王文祥急忙起来穿上衣服开门一问，是邻居家6岁的小孩患了锁喉急症，若不及时抢救要死人，父亲二话不说，匆匆披上衣服，叫上王文祥一同前往诊治。到了邻居家中，父亲为小孩仔细察看诊断后，随身摸出用细铁丝自制的土手术刀在油灯上烤红后，伸入小孩口中，一刀割开其喉部的脓肿，脓液一下子流了出来，小孩由此得救了，全家人热泪盈眶，感激万分。因其家里很穷，将仅有的5角钱拿出来给父亲作医药费，父亲不仅分文未收，还回家捡了几付中药让其父带回给小孩熬服。

此后，王文祥又多次遇到父亲看病分文不取的情形，王文祥大惑不解地向父亲问道："我们辛辛苦苦给人看病，你为什么不收钱呢？"父亲沉思片刻，不慌不忙地说道："千家人吃药，一户人给钱。"王文祥犹如丈二和尚摸不着头脑，一时不知所云。父亲耐心解释说："积德行善，扶危济困，是我们从医做人的根本，对富人看病，则当收尽收，

乃至适当多收，多收富人以济穷人，即削富济贫；对贫苦百姓看病，则心存怜悯，尽量少收乃至不收，不能昧着良心在鸡脚杆上刮油，这就是千家人吃药，一户人给钱的奥妙所在。否则，我们何立足社会，匡扶正义，立德为人？"

父亲语重心长的一席话，令其恍然大悟，感慨万千，受用终生。他在内心暗暗发誓：一定要将父亲的谆谆教诲作为自己从医治病的人生信条，海枯石烂，矢志不渝。

几年中，父子俩行医治病的里程累计达数万里之遥，经他们亲手医治的病人达数万之多，全县山山水水、村村寨寨，都留下了他们辛勤奔波的脚印。看到患者在父亲和自己的医治下，一张张痛苦的脸庞重绽笑容，一个个患者的家庭重拾欢乐，王文祥倍感欣慰与快乐。他在行医治病的过程中，既学到了医疗本领，增长了才干，又与底层的穷苦百姓建立了深厚的患难情谊；既领略了世态炎凉和人间真情，又经受了社会生活的摔打磨炼，使之在人生的道路上一步步走向成熟与坚强。

这正是：

随父学医受熏陶，魂牵梦绕心神往。

有心栽花花不开，无心插柳柳成行。

第二节　畜牧兽医

有诗为证：

> 巧治牙病受称赞，改当兽医上新岗。
>
> 师从太医学本事，潜移默化悟性高。
>
> 人畜同医展才干，门庭若市声名扬。
>
> 锋芒初露遭嫉妒，无端被贬做杂劳。
>
> 满腔怨怒无处诉？愤然拂袖重返乡。

人生成功根本在人品、关键在勤奋，捷径在机遇。然而，机遇的大门总是为有准备的人敞开的。王文祥在小鼓山制造炸药的后期，一个偶然的机会，又被抽调去县畜牧兽医站从事兽医工作。

一天深夜，王文祥和造炸药的伙伴们已经安然入睡。县农水局一位副局长牙痛难忍，心急火燎，大喊大叫，堂堂一个局医务室，几位医生跑前跑后，忙得不亦乐乎，可怎么也解决不了区区一个牙痛问题，医生们急得团团转。王文祥在睡梦中被惊醒后，

急忙穿上衣服跑去医务室，自告奋勇地提出为其扎针灸止痛。兽医站长警告他说："牙痛扎针灸？牛头不对马嘴！这是局领导，你不懂就不要乱整，整出问题你吃不完兜着走！"他一本正经地诚恳说道："针灸是我祖祖辈辈世代相传的医术，我从小就跟着父亲为人扎银针治病，尽管放心，出了问题我负责。"副局长听后鼓励他说："小伙子大胆扎，没关系。"他于是跑回宿舍从随身携带的帆布挂包中取来银针，针灸其合谷、颊车两个穴位，不到一杆烟工夫，立马止住了疼痛，令在场的人惊叹不已，大声叫绝！副局长当即问他："你是哪里人？"他腼腆而答："我是河东公社联新大队抽调到小鼓山造炸药的借用人员。"副局长接着说道："炸药厂的工作快结束了，局兽医站正需要人，你有这么好的医术，愿不愿意来当兽医？"王文祥想，不论人医畜医，只要能行医治病就行，于是便答应下来。

王文祥改作兽医的消息一传开，联新大队的群众一片哗然，议论纷纷。了解他的人认为，其天生就是个医学人才，不当人医当兽医十分可惜；不了解他的人认为，其小小年纪，做人医为人治病还嫩了点，做兽医为牲畜治病还马马虎虎。面对各种议论，他成竹在胸，坦然面对：自己的路子自己走，

大
山
民
医

第四章 筑梦医学

自己的娃儿自己诓，任凭他人说三道四去吧！

县兽医站的职责任务是负责全县的畜病防治。王文祥被安排跟随人称"刘太医"的老兽医治疗畜病。"刘太医"有着几十年畜病防治的丰富经验，系兽医站首屈一指的老专家。王文祥从其身上学到了许多畜病防治的知识，由此明白了医人与医牲畜病理和药理相同，只是用药剂量的大小不同而已，给人用药剂量减半，给牲畜用药剂量加倍。其诊断方法与人的诊断方法一样，如给牛诊病，先用木棍将牛的嘴巴撬开，将牛舌头拉出来察看舌苔，检查牛鼻子有没有汗，然后再将温度表插入牛的肛门观看发不发烧，以此辨别牛患的是风寒感冒还是风热感冒，经过仔细观察诊断，弄清楚病情后再对症下药。以此治疗畜病，立竿见影，精准管用，效果良好。他们除了在站内医治畜病外，还经常深入到全县农村巡回治疗，深受农村基层干部和群众的好评。

后因全县农村牲畜疫病逐渐减少，兽医站无多少畜病可治，反而人患病大量增多，医院看病十分拥挤，兽医站经内部讨论研究，决定利用站里的设备和人员，一石二鸟，双管齐下，在防治畜病的同时，对外开展治疗人病的业务。王文祥由此开始人畜同医。

第四章　筑梦医学

木秀于林，风必吹之。他因长期随父行医，拥有中医把脉诊病、接骨斗榫，针灸按摩和中草药治疗的特长，如鱼得水，技高一筹，方法简便管用，疗效立竿见影，加之看病认真负责，态度热情周到，大受患者欢迎。没过多久，不仅在站内鹤立鸡群，一枝独秀，而且在全县城也小有名气。县级机关单位及社会上一时盛传：县兽医站出了个姓王的小兽医，人畜同治，手到病除，一时传得神乎其神。人们纷纷慕名而来，其诊室门口每天门庭若市，热闹非凡，一天要看六七十个病人，反之隔壁兽医站长的诊室却冷冷清清，少有问津，每天只看几个病人，两相对比，大煞风景，令其颜面扫地，不由心生嫉妒：吾乃堂堂国家干部、兽医站长，岂容一个乳臭未干的乡巴佬太岁头上动土、关公门前耍大刀，没门！走着瞧！

不久，兽医站长便向局长谗言诬告："王文祥在兽医站不服安排，看病乱整，迟早要摆摊子，不能再让他看病了。局领导听信了站长的一面之词，不加分析了解，便取消了王文祥的看病资格，将其安排去晒制中草药。可是到兽医站来看病的人依旧指名点姓地要找小王医生看。站长在无奈之下，再次将他贬去一个别人无法找到的地方干活——到局伙食团当炊事员煮饭。

　　人的忍耐是有限度的。没完没了的执意刁难，一而再、再而三的挟私报复，令王文祥忍无可忍，索性找到站长论公道。他言词凿凿、理直气壮地说："我辛辛苦苦为群众治病，为兽医站创收，为何无缘无故、不明不白地取消我的看病资格？"他一气之下与站长大吵了一架之后，愤然离开兽医站回到了联新大队。

　　这正是：

　　　　踌躇满志当兽医，焉知非福遭祸殃。

　　　　人怕出名猪怕壮，技高受妒愤还乡。

大山民医

第四章 筑梦医学

第三节　乡村赤医

有诗为证：

　　农村缺医何以解？培养乡土挑大梁。

　　举国上下齐响应，神州遍涌赤医潮。

　　心生羡慕却无缘，故友偷书遂梦想。

　　学用结合长才干，自奋扬帆后居上。

　　巧治腰病受夸赞，云开雾散心飞扬。

1969年，毛主席作出了关于全国卫生工作的"6.26"重要指示，要求把医疗工作的重点放到农村去，大力培养农村赤脚医生，以解决广大农村缺医少药的状况。凉山州在越西县集中培训全州的农村赤脚医生，王文祥做梦都想当赤脚医生，只因出身不好而与之无缘。

一天，他去县医院担大粪，从一间教室的窗口路过时，看见室内一位医生正拿着人体骨架标本给学员上人体解剖课，每位学员的课桌上都摆放着

《本草纲目》《赤脚医生手册》和《针灸学》三本医学教材，内心羡慕不已，不由自主地站在窗外洗耳恭听。这时有人在后面拍着其肩膀说道："上课有什么看头?"他回头一看，正是上初中时为他们偷馒头吃的县医院临时工炊事员魏老大。他问魏："里面在上什么课?"魏说："这是全州各县的赤脚医生在这里集中培训。你想学吗?但你成分不好，参加培训不可能，如果想看书可以，我翻墙进保管室去偷出来给你。王文祥再三拒绝说："不行，如果被抓住，你连工作都要出脱。"魏接着说道："上次你为保护我吃尽了苦头，这次我无论如何都要帮你圆学医的梦想。明天凌晨3点，你到县医院后门等我，一言为定。"第二天凌晨，王文祥如约而至，突然听到半夜鸡叫，以为魏被抓住了，吓得他浑身发抖。结果鸡叫二遍后，魏老大一下子从医院的围墙上跳下来，从怀里掏出了白天见过的三本培训教材和几十根银针给他，王文祥激动得热泪盈眶，连连表示感谢。

　　偷书在当今似乎不是什么光彩的事，但在"文革"时期一书难求的情况下却是不二选择。几本医书，在别人看来，无以稀罕，但在王文祥看来，书中既有黄金屋、颜如玉，更有人生远大前程。他要

靠勇攀书山、苦游学海，去改变患难多舛的人生命运，去实现自己梦牵魂绕的医学梦想，去书写辉煌壮丽的人生画卷。

他如获至宝，坚持利用早晚和白天劳动休息时间，一头扎进书堆，废寝忘食，如饥似渴地刻苦攻读，通宵达旦，手不释卷。像春蚕吐丝，昼夜不息地为大自然织锦添辉；如蜜蜂采花酿蜜，忙碌不停地酿制人间山珍美味；又似地质勘探队员，在广袤的崇山峻岭中日夜奔忙，去探取大自然的无限宝藏；更像周游世界的航海家，在浩瀚的大海中劈波斩浪，勇往直前。经过两年半时间的寒窗苦读，他便将三本医书全部学完，装进脑海，烂熟于心。

其治学的座右铭是：要想知道梨子的滋味，你就得亲口尝一尝；不入虎穴，焉得虎子。他秉持理实并重，学用结合的方法，在理论与实践的结合上狠下功夫，做到举一反三，融汇贯通。

在学习《本草纲目》时，由于书上只有每种草药的图谱而没有照片，难以分辨。他结合上山挖药，随身携带书籍，坚持边挖药边对照书本逐一反复辨认，首先确定其属动物类科目，还是草本、木本、矿木类科目？是多年生还是一年生？然后逐一通过咀嚼品尝，准确掌握每种草药的不同的形状、特点和作用，做到过目不忘，精准无误。通过长期孜孜不倦的学习和现场辨认，他总计辨认中草药达1000余种，并分门别类地精心编制了13本草药标本。

在学习《针灸学》时，为了找准人体的穴位，他不顾疼痛，边对照书本上的人体穴位图，边用银针在自己身上反复试验抽扎，浑身上下全扎满了密密麻麻的针眼，疼痛难忍，好了又接着扎，直到心领神会，全面掌握为止。可谓是：银针扎在肉体中，疼痛忍在心灵里，学问增在本事上。

一座座如此浩繁艰巨的医学书山，一个个如此苦涩难啃的硬骨头，竟被他如蚂蚁搬山一般，矢志不渝，悉数攻克，尽收囊中。

三年苦学结硕果，初露身手显非凡。他将所学知识、祖传医术与临床实践三者有机结合，坚持边学习，边为群众治病，边总结提高，在学中干，干中学，举一反三，融会贯通，使其医术如鱼得水，不断攀升。

同队社员耿志军腹痛不止，经县医院检查诊断为肝炎，要求住院治疗，因交不起五元钱的住院费，只好回家来找王文祥治疗。他边为其扎针灸，边扯草药给其熬水喝，五天治愈。

邻居童文才的妻子不慎从楼梯上摔下来，造成

额头头皮撕裂，遮住了双眼，鲜血淋淋，目不忍睹。他在没有任何医疗设备与工具的情况下采用土办法，将缝衣针放在火里烧红后，用小铁锤打制成土手术针，然后将土手术针和普通衣线用水进行蒸煮消毒，再用桉树叶和草药为其伤口冲洗消毒，用针灸麻醉后为其缝合伤口，6天拆线观察，伤口愈合良好，未留任何疤痕。

本队社员郭仲全患肝炎，面色发黄，去县医院治疗因交不起7元钱的住院费，只好抬回家中。他扯田基黄、鱼腥草、金钱草，虎杖等中草药为其治疗，5天痊愈。

邻队社员耿宇湘患膀胱炎，尿血尿急，疼痛难耐，一天内昏死过两次。他边对照医书，边用针灸扎其合谷、中极、膻中等穴位，立竿见影，马上止住了疼痛，接着扯草药白茅根、水灯芯、木通，为其熬水煎服，3天缓解症状，7天痊愈。

诚心为民除疾患，反遭诬陷挨批判。王文祥为人治病的消息不胫而走，一传十，十传百，传到了大队和公社，两位书记亲自主持召全大队群众参加的批判大会，指名点姓地批判王文祥父子俩开地下医院、走资本主义道路的错误行为，号召大家积极发言批斗。童文才妻子首先发言说："我摔破头皮到县医院去治疗，因交不起钱而不给医治，是王先生的儿子王文祥为我治好的，且分文未收。开什么地下医院？走什么资本主义路？我连感激都来不及。"郭仲全接着发言说："人家俩爷子是在治病救人做善事，哪里是走资本主义道路？我患肝炎无钱医治，不是王文祥免费为我治疗，我今天哪能站在这里说话，早见阎王去了。"会议由此一直冷场，无法再开下去，只好宣布散会，草草收场。

其父此后再不敢外出为人看病，而王文祥行医治病的决心则越发坚定：身为医生，为民治病是天经地义的事情，何错之有？只要有群众的鼎力支持，我们何不放胆放手，乐而为之呢？于是他白天参加生产队劳动，晚上走村串户，热心为群众治病。年长日久，找他看病的人越来越多，在当地的名气越来越大，成了全县闻名遐迩的"小神医"。

消息传到了县委书记商新民的耳里，商书记因患腰椎间盘突出症，专程派人请王文祥去为其治病。他采用中医针灸、按摩疗法为其进行复位治疗，不打针、不吃药，半月康复。书记问他："你是哪里学的这一手好医术？"他如实汇报了自己家庭出身和行医治病的情况。商书记安慰鼓励他说："出身不由己，道路可选择。你虽然出身不好，没有当上赤

脚医生，但在群众心目中，你早就不是赤脚医生的赤脚医生了。群众的口碑就是对你最大的褒奖。国家和人民需要你这样的特殊人才，小伙子好好干，将来大有前途。"临别时书记还特意送其一瓶酒，叫他带回去给父亲喝，以表感谢。

莫道浮云终蔽日，雨过天晴太阳红。书记的一番亲切安慰与鼓励，忽如缕缕春风，将多年积压在心头的阴霾一扫而光，又似滴滴甘露润泽了久旱干枯的心田，顿觉晴空万里，艳阳高照，天宽地阔，感到从未有过的轻松和快乐。

这正是：

偶获医书苦钻研，学用结合长才干。

不是赤医胜赤医，小有名气扬全县。

第四节　喜上共大

有诗为证：

　　回乡数年学业残，翘盼何时梦再圆？

　　招工提干擦肩过，忧心忡忡奈无缘。

　　喜闻共大招新生，阻碍重重机运悬。

　　书记发话亲戚帮，一锤定音遂夙愿。

　　依依不舍别故乡，欢天喜地赴校园。

在党中央、毛主席"抓革命、促生产"的正确方针指引下，全国经济建设仍然处于大干快上的高速增长时期，取得了南京长江大桥、氢弹、核潜艇、人造卫星、人工合成胰岛素、中医药青蒿素等一大批具有国际先进水平的重大经济、国防和科研成果，建立了门类齐全、规模宏大的现代工业体系，跻身于世界第六大经济体，短短二十余年间，走过了资本主义两百多年的发展历程，创造了前所未有的世界历史奇迹。

1968年开始，军队、铁路、矿山、森工和学校先后在越西招兵、招工、招生。其他同学参军的参军，当工人的当工人，上学的上学。王文祥看到他们一个个心怀远大理想和抱负，豪情满怀、欢天喜地地离开家乡，跳出农门，奔赴新的岗位，奔向人生的远大前程，内心无比羡慕和向往，但都由于自己家庭成分不好而与之擦肩而过。他常常做梦都梦到自己上学深造、当公办医生，兴奋得不亦乐乎，醒来却是黄粱一梦，一切如故，不禁忧心如焚，暗自潸然泪下。

1972年，命运之神终于降临到了这位多灾多难的年轻人身上。五月凉山共大来越西招生。招生程序为：自己报名、群众推荐，组织审查，考试录取。招生对象主要面向贫下中农子女，同时招收一定比例的可教育好的黑五类子女。

王文祥一位在县委办公室工作的远房亲戚王国芬主动向县委商书记建议："河东公社联新大队的富农子女王文祥表现特别突出。他继承祖传医术，刻苦学医，长期运用针灸、按摩和中草药为群众治病，人称小神医，深受群众好评。建议作为可教育好的子女推荐上共大。"

商书记立马表态："党的政策是出身不由己，

道路可选择，重在个人表现。小伙子表现不错，是个难得的医学人才，我们绝不能因为其家庭成分不好而埋没人才，他上共大的问题就交由你去全权落实。"

王国芬先到越西中学调阅了王文祥的学生档案，随后又到河东公社征求意见，公社领导借口其父子开地下医院，走资本主义道路而不愿推荐。王国芬耐心开导说："他刻苦学习，积极为群众治病，这是在做好事，且其初中学习成绩优秀。金无足赤，人无完人，看人要看大节、看主流，绝不能因为枝节问题而吹毛求疵，求全责备，埋没人才。"经王一番苦心劝说，公社领导才在其推荐材料上勉强盖上了同意推荐的大红印章。

不久后的一天，王文祥和社员们正在稻田里薅秧，边薅边唱着山歌："战天斗地学大寨，艰苦创业建家园；汗水换来丰收年，公社社员笑开颜。"突然一公社干部在田边大声喊道："谁是王文祥？公社领导找他有事，叫他去公社一趟。"一听到公社领导找自己，王文祥心中犹如十五个吊桶打水——七上八下，他左思右想，是不是哪里做错了，又要挨批斗？他一路抱着诚惶诚恐的心情跟随那人来到公社。

公社领导一改往常的冰冷态度，和颜悦色地从

抽屉里拿出一张表格，郑重其事地放在他面前，叫其认真填写。他定眼一看，是凉山共大的《招生推荐登记表》，内心顿如翻江倒海，激动万分，区区一支钢笔，此时握在手中却重若千钧。他骤然感到这不是一张普通的登记表，而是一张开启人生美好前程的通行证；填写的不是一般的个人履历，而是在书写新的生命的里程碑。他全神贯注，字迹工整，一笔一画地填好后，双手恭敬庄重地呈交给领导。

当他走出公社大门时，仿佛走出了刻骨铭心、生死难忘的农门，犹如鸟儿飞出了鸟笼，飞向了人生广阔天地，顿时热泪盈眶，喜出望外。

三天后，按照县上统一安排，王文祥与其他同时上共大的学员一道，兴高采烈地乘坐敞篷汽车，离开了生之养之又使之饱经磨难、付出辛勤汗水与心血的故乡，恰似天空中的雄鹰，胸怀远大志向，迎着灿烂阳光，搏风斗雨，展翅翱翔。他们谈理想、言壮志、抒豪情，一路风尘仆仆，欢声笑语，神采飞扬，放声高歌。经过整整一天的颠簸劳顿，终于来到了朝思暮想的凉山州府和共大所在地——昭觉。

共大全称为凉山五七共产主义劳动大学，为"文革"后中共凉山州委、州革委根据凉山建设人才紧缺的状况，集中全州各方面力量，于1970年在全

省率先恢复创办的地区性综合人才培养学校。州上不少老红军和老干部都在学校担任各级领导和管理，教师大多是原凉山师范校和从全州各条战线选调而来的骨干人才，可谓藏龙卧虎，人才荟萃。学校设有师范、卫生、农业、财会、水电、畜牧、林业、农机等若干专业。名曰大学，实为中等专业学校。教学坚持学校小课堂与社会大课堂相结合，即以学习文化和专业知识为主，同时学工、学农、学军，定期到校办工厂和农场参加生产劳动，做到教书育人，一专多能，立体培养，全面发展。学校从1971年开办到1980年撤销，共培养了上万名全州各方面建设的专业人才，系老凉山名副其实的人才培养摇篮，为"文革"后凉山经济文化和社会的发展作出了不可磨灭的重大贡献。有人特为之咏诗一首为纪：

敢为人先办共大，独领风骚冠全川。

学文又学工农兵，教育革命写新篇。

校社结合闯新路，广阔天地锻中坚。

十载辉煌办校史，桃李芬芳满凉山。

这正是：

六载磨难疑无路，云开雾散见新天。

时来运转上共大，多年学梦今重圆。

第五节　改行学医

有诗为证：

稀里糊涂走错庙，欲当和尚却为道。

无奈边学边行医，几经周折意徬徨。

偶为书记治腰病，大获赏识方改行。

如鱼得水遨学海，名列前茅品学良。

毕业实习展锋芒，后生可畏胜师长。

天运弄人，好事多磨。王文祥上共大，愿望是学习自己酷爱的医学专业，可来校报到时才知道自己被招收在师范专业，犹如新娘上错了轿，嫁的是张三，结果变成了李四，立马转喜为忧，彻夜寝卧难安。

第二天一早，他便找到校办主任詹永需要求改行学医。

詹主任一口咬定："国家规定，师范生一律不能转行。"他见转行不行，改而要求退学。

詹主任批评道："你是富农出身，越西全县的地富子女只来了你一个，你是千中挑一，其他人想来都来不了，而你却挑三拣四，身在福中不知福。过了这个村就没有这个店，一旦失去机会，以后你想来都来不了，将会后悔一辈子。"

他转念一想，觉得詹主任说得在理，尽管专业不尽如人意，总比当农民好，退学则可能一辈子失去跳出农门的机会，既来之则安之，先安下心来在师范专业学习，日后有机会再说。

就这样，王文祥被安排到师范专业74级中师3班学习。全班47人。他因身体好，初中成绩优异，被推选担任劳动委员。

他一心向往学医，无心学习师范，因而一边上课，一边利用休息时间为学校师生、机关单位和农村群众看病，每天要看二、三十人。短短几个月时间，州、县机关单位和社会上找他看病的人越来越多，人们争口相传："共大学生中出了个年轻的医疗高手，针灸、按摩、把脉、中草药样样精通，不用打针吃药，一摸就灵，一看就好。"

消息很快传到学校和州上领导的耳朵里，于是纷纷来找他看病。

共大领导是近水楼台先得月。南下干部、副校

大山民医

长韩学禹腰部疼痛，王文祥用针灸为其治疗，四、五次便解除了疼痛；老红军、副校长王作义患骨质增生，他采用按摩与中草药治疗结合，不久痊愈。

州委书记孙自强腰椎间盘突出，经常疼痛。经两位校长引荐，孙书记派人派车接王文祥去其办公室为其治疗。

他让孙书记伏躺在办公桌上，自己站到孙的背上用脚踩按其腰部。秘书警告说："小伙子，这是州委领导，你不能乱整啊！"王文祥回道："敬请放心，保证没问题。"孙书记鼓励说："没关系，尽管踩！"他用脚轻轻按摩一阵之后，突然使劲一踩，只听见"咔嚓"一声，腰椎立马复位，稍候片刻，便叫孙站起来在屋内走走、扭扭腰，观察观察。孙来回走了几圈后，顿觉轻松自如，大为好转，心情非常高兴，留他共进晚餐。

孙书记边吃饭边问王文祥："小伙子是做什么工作的？"他如实回答："我是凉山共大师范专业七四级三班学员。"孙书记接着又问："你这么好的医术，为什么不去学医而学师范？"感到大惑不解，他向孙讲明原委后，孙说道："你这么好的医术，不能埋没人才。这样，我给州教育局领导讲一下，你改行去学卫生专业。"王文祥正求之不得，心中大喜，立即爽快答应。

第二天，韩校长亲自通知王文祥说："经州教育局研究同意，将你由师范专业改行去卫生专业学习。"

踏破铁鞋无觅处，得来全不费工夫；莫道改行老大难，老大出面就不难。在州委书记的亲自关心下，王文祥终于如愿以偿地到了卫生专业学习。

卫生专业共设有内科、外科、妇儿科、五官科、中医科、解剖科六个专业，当时每个专业只有一个班，共六个班，300余人，根据文祥意愿，被安排到中医班学习。时值第二学期半期考试，班主任老师罗遥鉴于其前半期未参加学习而对其免考，但他执意要求参考。他凭借过去自学的基础，参加了解剖、中药、药理三科考试，平均成绩75分，全班50名学员，成绩名列中等。期末考试各科平均成绩98.5分，名列全班第一。

第三学期，王文祥被推选为班长，他处处以身作则，热心为全班同学服务，自觉维护集体荣誉。

教室和厕所太脏，无人打扫，每天晚自习后，他一人独自留下来打扫干净才走。一次，一位同学在上课时因心脏病突发昏迷不醒，他马上为其扎针灸缓解病情，然后亲自背去医院住院抢救，使之及时脱险，由此受到老师和同学们的一致好评。同年，

他光荣地加入了共青团，被评为三好学生、优秀团员。

因家里无钱供自己上学，他便利用星期天和节假日打工挣钱。有两个星期天，他和一位朋友去为单位挖土方，两人各分得180元，当时学校每人每月生活费仅8元，他一次就挣了相当于两年多的生活费。再后一个星期天，他便组织全班同学去挖，每人各分得20元，相当于两个半月的生活费，大家感到非常高兴。此外，他还利用寒暑假为机关单位锯木料挣钱，锯一块4元，一天锯4~5块，挣15~20元钱，人称"钱脑袋"。

在此期间，王文祥坚持一边学习，一边利用休息时间继续为学校师生和机关、农村干部群众看病，在社会上已小有名气，被誉为"共大小神医"，每天慕名前来找他看病的人络绎不绝。

1973年10月，卫校进行毕业实习，学校安排毕业班学员轮流到校门诊部对外坐诊看病。

校门诊部平时均由学校教师和专家轮流坐诊看病，只有在每年毕业实习时，才安排学生去与老师和专家一道坐诊看病。门诊部只有里外两间诊室，王文祥开始被安排在外间坐诊，每天找他看病的达数十人之多，而找其他老师、专家看病的人则寥寥无几。他们由此心生嫉妒，说王文祥挡了他们的风水，于是将他调整去里间坐诊。一天，两位病人前来看病，一进门便指名点姓地到里间去找小王医生看，而此时在外间坐诊的恰好是门诊部的主任、老专家。当两位病人从其身边走过时，在旁为其助诊的实习生站起来招呼说："请你俩坐下，由这位老专家给你们看。"可两位病人直言不讳地说："我们已先后找他看过几次，没有什么效果，因此我们不找他看，而要找小王医生看。门诊部主任顿觉颜面大失，无地自容。

于是他们再次将王文祥安排到另一个偏僻的小巷子里去看病。可是酒好不怕巷子深，病人照样慕名而来，每天都要排几十米远的长队。

一时间，在全校掀起了一股不大不小的实习风波，成了师生们大惑不解的热议话题：堂堂高等医学院校科班出身的老专家、教授，何以被区区一个实习坐诊的农家小子大盖风头？

这岂不正好说明：知识来源于实践，实践出真知，学历文凭并不代表真正水平，书本知识并不等于实际本事。老师们虽是科班出身，满腹经纶，但缺乏第一手的临床医疗经验，看病如同隔鞋挠痒，故医不管用，不受病人欢迎。王文祥虽系农村土生

大山民医

第四章 筑梦医学

133

土长的农家子弟，无科班文凭，但他既有祖传和自学的厚实医学功底，又有长期的第一手医疗实践经验，故医而管用，大受病人欢迎。

这正是：

痴迷学医上错轿，好事多磨入正堂；

勤奋好学加实践，毕业实习展锋芒。

第六节　留校任教

有诗为证：

古今平生多少事，尽在出乎意外中。

原本打算下基层，岂料辞行变初衷。

分配引发大风波，反思再三问西东？

于心无愧任评说，人正何俱吹邪风。

坦然直面排纷扰，孰是孰非自然空。

同年11月，在毕业分配前夕，州上根据全州医疗卫生事业发展的需要，将卫生专业从凉山共大分离出去，单独成立了凉山州卫生学校。

州里确定的毕业分配原则是，面向基层，充实区乡卫生院。

学校召开毕业分配动员大会，号召党团员、学生干部、"三好生"无条件服从分配。王文祥既是优秀团员、三好学生，又是班长，成绩优异，自然在带头服从分配之列。

当班主任老师征求其意见时，他第一个率先表态："无条件服从组织分配，到最艰苦的地方去锻炼自己。"

　　学校宣布分配名单时，他被理所当然地分配到了条件艰苦的布拖县交际河区卫生院工作。

　　他匆匆打好背包，办完相关离校手续，准备向相关领导和老师辞行后正式离校。

　　他首先去向州委孙书记辞行。

　　孙问道："你分在哪里？"

　　他如实报告了自己下基层的分配去向。

　　孙不由分说，直接拿起电话打给卫校校长卢遥："王文祥是个特殊的医学人才，州上不少老红军、老干部看病都离不开他，需要他服务，你们怎么将他分到乡下去呢？我的意见是将其留在州上。"卢在电话中连连回道："请书记放心，一定照办。"

　　他在从州委回校的途中，心中如十五个吊桶打水——七上八下。他既对书记的特殊关照心存感激，又对由此改变学校的分配方案而诚惶诚恐，后悔不该去向书记告别。

　　他刚回学校，有关人员便通知他说：经校领导研究决定，将你的分配方案由下基层改为留校任教。

　　于是他又将收拾好的行李重新打开。他仿佛感到：这重新打开的不是行李，而是人生命运的重大转折。

人怕出名猪怕壮。在拥有上千学员的共大，王文祥在短短两年的学习中，连续创造了三个第一：第一个经领导点名改行学医，第一个在门诊实习中引起轰动，又是第一个由领导钦点留校任教，为共大史上前所未有。

一时间各种议论和风言风语不绝于耳，在全校师生中引发了一场轩然大波。

有的认为，他是从农村基层一步步锻炼成长起来的优秀医学人才，门诊实习引起轰动是必然的；领导钦点是爱惜和重用人才的具体体现，这样的人才若得不到重用，被埋没了固然十分可惜。

有的认为，他在门诊实习是出个人风头，领导钦点是其拉关系、走后门，搞歪门邪道之所为。

王文祥连续多天在脑海中不断扪心自问：在改行学医、门诊实习、留校任教这三件事情上，自己究竟做错了什么？反思再三，认为自己并无大错。如果一定要说有错，就错在不该为书记治病，不该去门诊实习，不该去向书记辞行，但那是不可能的事。他决心坦然面对各种议论和纷扰，理直气壮地走好自己的路，做好眼下该做的事，自己到底是个

什么样的人，让时间和历史去见证吧！

不久接到校教务处通知，安排他担任中医理论课的教学工作、轮流到校门诊部坐诊看病，同时任中医班班主任、教工团支部书记。

这正是：

自告奋勇下基层，谁料辞行变留校。

领导提携惹非议，坦然面对排纷扰。

第五章

卫校历练

　　王文祥从1973年毕业留校到1997年辞职下海创业办医，在卫校整整工作了二十四个年头，占据其全部生命时间的三分之一，从一个默默无闻的普通教师成长为声名远扬的中医骨科名医。

　　在其光环耀眼的背后，却是一路雨雪风霜，步步坎坷曲折，满身汗水心血。但他不管风吹浪打，雷鸣电闪，胜似闲庭信步；任凭风云变幻，始终不改初心，矢志逐梦医学。

　　真可谓：

　　　　汗洒讲台育桃李，身居斗室苦攻研。

　　　　四方治病解民疾，大好年华献教苑。

第一节　雷屏深造

有诗为证：

人生机遇有几何？成败攸关一两回。

雷屏深山押战犯，医学人才大荟萃。

全国举办培训班，书记钦点心神追。

情感大师学绝技，千古奇术壮春晖。

勤奋与机遇是人生成功的两大要素，勤奋是发动机，机遇是方向盘。人生成功根本在于勤奋，关键在于把握机遇。

1974年3月，州委孙书记的秘书小刘乘车来卫校通知王文祥说："孙书记叫你去他那里一趟，他有事找你。"他跟着小刘匆匆来到了孙书记的办公室。

孙书记问："小王，有一个培训深造的好机会，你愿不愿意去？"孙接着说道："四川省雷马屏监狱关押着不少国民党战犯、特务和反动军警人员，其中有的是著名的医学权威专家，监狱附属医院的技

大山民医

第五章　卫校历练

140

术力量比我们州医院还雄厚。其中，有个叫余恩梅的国民党军统女特务，出身于江浙一带的中医世家，早年留学美国，与卫生部长刘湘萍、国际著名妇产科专家林巧稚是同班同学，后任蒋介石的家庭医生和贴身保镖，精通中西医术，既擅长中医骨伤外科、点穴治病，又会武术，拥有一身好功夫，系国际知名的医学大师。据说原先被判死刑，因给周总理治好了腰病，改判死缓。州上不少老红军和老干部都先后去监狱找她看过病。国家卫生部拟在监狱举办一个中医培训班，专门学习其医疗技术。培训班的范围很小，由于监狱地处我州雷波县西宁镇，特意给凉山安排了一个名额。你想不想去？"对王文祥而言，这样的美差可谓是千载难逢、机会难得，他当即满口答应。

西宁镇地处凉山彝族自治州雷波县与乐山市马边彝族自治县、宜宾市屏山县三县的结合部。故监狱由此称之为雷马屏监狱，简称西宁监狱。监狱距州府西昌市300余公里，距老州府昭觉县200余公里，四周全是高耸入云的莽莽大山和原始森林，偏僻荒凉，人烟稀少，交通困难，可谓是绝佳的天然劳改场所。据说历史上曾发生过犯人越狱逃跑，在原始森林中转来转去迷失了方向，最后又转回了监狱。

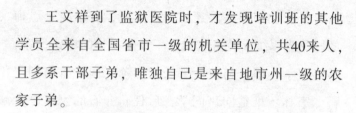

王文祥到了监狱医院时，才发现培训班的其他学员全来自全国省市一级的机关单位，共40来人，且多系干部子弟，唯独自己是来自地市州一级的农家子弟。

在培训班的开班仪式上，监狱医院院长郑重宣布：余恩梅系国民党特务、在押政治犯，你们的任务是在业务上向其学习医疗技术，但在政治上必须站稳立场，同其划清界限。

因此在为期一年的培训中，学员们开口闭口都称其为"余恩梅"。个别学员甚至动辄对其侮辱打骂，缺乏起码的人格尊重。王文祥的看法与其他学员不同，认为尽管余是在押犯人，但论医学她是国际大师，论年龄她是长辈，论培训她是教员，对其不敬就是对父辈之不敬，对医学之不敬，对人格之不敬。内心对余的景仰与恻隐之情不禁油然而生，并自觉不自觉地在暗中保护和照顾她。

一天午饭后，监狱领导安排王文祥和另三名学员徒手押着余去西宁镇街上理发，余老太一人走在前面，他们四人在后面看押。在经过一伐木场门口时，看到三个伐木场的弹簧工（农民工）正在调戏一名年轻女子。只见歹徒将女子团团围住，在其身上乱摸乱掐，女子身陷困境，大声呼救。

四位学员顿时义愤填膺，火冒三丈，正欲上前相救，但见余老太大喝一声："在光天化日之下调戏良家妇女，国法不容！"

　　站在前面的一个歹徒反破口辱骂道："你个老婆娘，多管闲事，关你屁事？"余老太厉声喝道："老娘今天就管定了！"

　　她话音一落，那歹徒气势汹汹地一拳朝她扑打过来，说时迟，那时快，只见余老太立马向前横跨半步，突然侧身一闪，那家伙身子一下扑了个空，双脚被老太婆轻轻一绊，歹徒身子失去重心，犹如饿狗扑食，"扑通"一声栽倒在其面前。她对准歹徒的后颈窝顺势"咚、咚、咚"三记重拳，一下子将歹徒打了个"嘴啃泥"，"扑通"一声直挺挺地横躺在地，嘴里还在不停地大声哀嚎："哎哟！哎哟！"

　　后面一个歹徒趁机操起扁担朝她劈头盖脸打将过来，老太婆一个跨步上前，一把拖住扁担，趁对方用力拖拽之际，猛然飞起一脚，不偏不斜，正好重重地踢在对方的膝关节上，歹徒顿时腿脚瘫软，"哎呀"一声瘫倒在地上，毫无还手之力。

　　侧面的一个歹徒慌忙伸手来抓老太婆的头发，只见她将头一埋，躬身对其来了"黑虎掏心"：对准

其颈、胸，肋几个要害穴位一阵猛击，歹徒即刻被打翻在地，痛得嗷嗷直叫。

不到一杆烟功夫，三个年轻力壮的歹徒，便被一个看似弱不禁风的老太婆"三下五去二"，打得晕头转向，丈二和尚摸不着头脑，半晌回不过神来。

老太婆却若无其事地拍了拍手上的灰尘，不慌不忙地对三个歹徒说道："服不服气？不服气起来再和老娘较量一回。"

歹徒们一下子不知是遇到了何方神圣，哪路武林高手，吓得屁滚尿流，魂飞魄散，从地上爬起来一溜烟地跑了。他们四人在旁犹如观看了一场出神入化的精彩武打电影，个个目瞪口呆，大声鼓掌喝彩，啧啧赞叹不已！

余老太仗义救少女、痛打三歹徒的事经他们一传，全班学员暗暗对其肃然起敬。从此之后，大家在其面前俯首帖耳，毕恭毕敬，再不敢戏言，私下里一致改口称之为"余大侠"。

余恩梅时年67岁，1.65米的个头，头发花白，眉目清瘦，终生未婚。在雷马屏监狱关押了二十余年，从无人探望，但精神状态很好。他在监狱医院主要从事医学培训工作。其宿舍就在医院教学楼底楼的楼梯过道间，面积仅4个平方左右，而且没有窗户，十分狭小，阴暗潮湿。

一天深夜，王文祥在医院值夜班路过余的宿舍门口时，听见余在里边痛苦呻吟。他推开房门一看，室内灯光昏暗，地上到处是呕吐的脏物和屎尿，臭气熏天，一片狼藉，目不忍睹。他连喊了几声，无人应答，走到其床前才发现，余因腹泻失水昏睡在床，他急忙将其背去医院急救室抢救。可院里说余系在押犯人，必须交6元钱的入院费才能住院，他当即从自己身上掏钱为其交了住院费。

余先后住了五天医院，王文祥天天为其打饭端菜、拿药送水、洗脸洗脚、倒屎倒尿，像伺候自己的父母亲人一样伺候余老太。

本是救死扶伤做好事，却引火烧身惹祸端。医院团支部书记、内科主任三番五次警告王文祥说："你身为州卫校教工团支部书记，在培训期间不听劝阻，同犯人吃吃喝喝，拉拉扯扯，打得火热，还背她来住院看病，殷勤侍候服务，丧失了一个共青团员应有的政治立场。我们要向卫校反映，要求对你重处，你等着瞧！"

不久后的一天，余老太私下感动地对王文祥说："你这样无微不至地关心照顾我，要是你单位知道了怎么办？"他若无其事地答道："只要能治好老师的

大山民医

第五章 卫校历练

病，其他我都不在乎。"余老师接着说道："我没有什么钱和东西感谢你，但我会点穴治病和武术，你愿不愿意学，如果愿意学，从明天开始，每天早晨5至7点，我教你两个小时。"这是王文祥求之不得的好事，当即爽快答应。

第二天早上5点，王文祥准时起床去其住处，余老师将他带到一栋五层砖混结构的楼房前，首先为其演示徒手上房的武术绝技。只见她双手双脚往墙角一夹，犹如猴子一般，瞬间轻快地飞身上到房顶，接着又从房顶瞬间轻快下到地上，前后不到半杆烟功夫。

王文祥在旁看得如醉如痴，暗暗拍手叫绝。这些过去他只在小说和电影里见过的飞檐走壁的武术绝技，如今一一神飞活现地展现在面前，令其眼花缭乱，目不暇接，大呼神奇！

自此开始，每天拂晓，师徒俩顶着闪闪星光，披着满天朝霞，如飞燕展翅，似雄鹰翱翔，一前一后，一教一学，风雨无阻，从不间断。经过前后近一年时间的刻苦教学，王文祥基本掌握了几套武术尤其是点穴治病术的要领。

点穴治病术是中华医学宝库中的一大高难绝技，可代替药物起人工麻醉、调节经络气血，消肿止痛的神奇作用，避免了化学药品麻醉给人体带来的严重危害和后遗症，可惜现已近乎失传。人体全身有365个穴位，什么部位疼痛，就点按与之相对应的经络穴位治疗。如头痛，就点按合谷、三阴交、足三里三个穴位。为便于记忆，余老太特意教了他一首穴位歌："肚腹三里留，腰背委中求；头颈寻列缺，面口合谷收；心胸取内关，小腹三阴谋；坐骨刺环跳，腿痛阴陵透；三里内关穴，胸腹中妙绝；三百六十穴，不外十要穴。"同时还教了他一套点穴治病的口诀。如治疗眼病口诀："眼睛突然血贯睛，羞明梗塞最难睁，需在太阳刺出血，不用金刀疾自平。"余还举例说："蒋介石头痛，我用针灸刺其太阳穴，立马就好。"并反复告诫他："在实际运用中切忌死记硬背，要举一反三，融会贯通，灵活运用。"

王文祥将点穴治病绝技与其中医特长有机结合，并在实践中融会贯通，灵活运用，使其医疗技术如鱼得水，如虎添翼，百尺竿头——更上一层楼，大受病人欢迎，令同行赞佩不已。

在其后几十年的行医历程中，他运用这一绝技为数以万计的病人解除了痛苦，带来了福音，这全得益于余恩梅的悉心传授。

1975年中华人民共和国正式对外宣布，特赦最后一批国民党县团以上战犯。王文祥从人民日报上看到，余恩梅赫然在列，心情万分激动，但却无缘再见。后来听雷波县领导讲：1976年蒋介石夫人宋美龄亲自与中华人民共和国驻美国临时代办处联系，派人专程将余接去了美国，从此再无音讯。

这正是：

天赐良机赴雷屏，真情无声感大师。

如鱼得水学绝技，千古奇术惠终生。

第二节　铁誓扬威

有诗为证：

　　满载而归喜还校，谁料祸患从天降。

　　撤职处分受警告，人言纷扰雪加霜。

　　五载苦攀书山路，资格考试夺头榜。

　　昔日农家穷小子，堂堂教苑逞英豪。

　　人生的道路是极不平坦的，时而艳阳高照、风车斗转、青云直上，时而雷鸣电闪、雪雨风霜、挫折重重。

　　祸兮福所依，福兮祸所伏。是福跑不掉，是祸躲不过。1975年2月，正当王文祥圆满结束西宁培训，满载累累硕果，兴高采烈地返回学校时，人生打击和挫折接连从天而降，犹如五雷轰顶，令其猝不及防：

　　——政治处分。雷马屏监狱医院团支部向卫校团委写信反映：王文祥在雷马屏培训期间，同监狱

犯人、军统特务余恩梅打得火热，丧失了一个共青团员应有的政治立场，要求给予严肃处理。王文祥由此受到了撤销教工团支部书记职务、留团察看一年的警告处分。

——取消任教。州卫校百余名教师，全系"文革"前国家正规高等院校毕业的本科学历，唯有王文祥一人系中专学历，按照上级文件规定，中专教师必须具备大学本科以上学历方可取得教学资格，否则一律不得任教。于是学校以王文祥学历不达标为由，取消其教学资格，安排去校门诊部坐诊看病。

——言语中伤。少数教师借机幸灾乐祸，落井下石，大发议论："王文祥的教学资格早就该取消了，他是中专生教中专生，瞎子牵瞎子，误人子弟"；"不要看他成天治病风光神气，实则是山间竹笋，嘴尖皮厚腹中空"；"一个没有正儿八经啃过几天书的农村土包子，竟然赶着鸭子上架充正神，也不问自己有几斤几两？"

三重打击和挫折，犹如泰山压顶，电闪雷鸣，空前地考验着这位年轻人的底气、胆识和雄心壮志。一连几天，他内心如翻江倒海，陷入了深深的痛苦和反思。

反思之一：在雷马屏培训期间，由于自己政治敏锐性不强，丧失了一个共青团员与在押犯人之间应有的立场界限，组织给予处分理所应当，必须正确对待；因自己学历文凭不达标被取消任教资格实为正常，无可厚非；同事议论虽言词尖刻，但乃忠言逆耳，良药苦口，当大肚包容，引以为鉴。

反思之二，人们都害怕打击和挫折，但人生和事业处处潜伏着打击和挫折。打击和挫折是一把双刃剑，使强者警醒奋起，使弱者悲观沉沦；打击和挫折又是一副良药，使人幡然猛悟，催人扬帆奋进。人类社会就是在各种打击和曲折中不断向前发展的，中国的革命和建设事业就是在内外反动派的重重包围封锁中逐步成长壮大的。自己所遭受的打击挫折与中国革命的艰难曲折和刘胡兰英勇就义、董存瑞挺身炸碉堡、黄继光舍身堵枪眼相比，何足挂齿！

反思之三，自己的学历水平同任教要求和其他教师相比，整整相差大学专科和本科两个档次，犹如两座大山横挡在自己面前，不狠下决心攻克何以立身为师？大丈夫自古有云："黄沙百战穿金甲，不破楼兰终不还"；"直挂云帆济沧海，长风破浪会有时"。他以置之死地而后生的雄心壮志和气魄暗自立下铁誓：拼死一搏，发奋治学，用五年时间补齐自己专业知识的短板，实现人生自我超越。

人生的潜能是无比巨大的。从1976年至1980年的五年中，他除了每天上午在校门诊部坐诊看病外，几乎放弃了所有星期天和节假日休息时间，舍弃了一切社交、娱乐活动，以顽强的斗志和惊人的毅力，一头扎进学海，两耳不闻窗外事，一心苦攀书山路。他将每天的学习任务和时间安排制成日程表贴在墙上，时时提醒对照，不完成学习任务不休息睡觉，夜以继日，持之以恒，从不懈怠。

大丈夫一言九鼎，驷马难追，说到做到。他仅用一年半时间便学完了《黄帝内经》《金匮要略》《伤寒学》《温病学》等古典中医名著。接着又从大学中医基础理论、方剂、中药、内外科、解剖、妇儿科、五官科等学科学起，三年半时间便学完了大学中医专业的全部课程，形成了30余万字的学习笔记。

1981年至1982年他又受组织派遣，赴解放军第三军医大学进修西医外科。他借此机会自我加压，用一年时间学完了西医外科专业的全部课程。

会当凌绝顶，一览众山小；功夫不负苦心人，是金子总会发光的。

1982年，全国举行中等医学专业学校教师任职资格考试，共考中医、针灸、方剂、内外科、解剖、妇儿科六门课程，他考了525分，名列全校第一。不久学校重新恢复了其任教资格，并由助教晋升为正式教师。

水滴石穿，事实胜于雄辩。五年的艰辛治学终于喜结硕果，五年的铮铮铁誓终于以事实作出了铿锵有力的回答。

这正是：

　　本想当好教书匠，无奈当头遭三棒。

　　逼上梁山立铁誓，一朝雪耻夺头榜。

大山民医

第五章　卫校历练

第三节　潜心执教

有诗为证：

　　身为园丁知多少，堪称名师有几许？

　　不信中医难教学，誓破难关展雄心。

　　傲游学海强功底，遍寻它山取真经。

　　理实结合课生花，堂堂爆满师生惊。

　　王文祥曾在日记中这样写道：教师是人类灵魂的工程师，是世界上最崇高的职业。在中华民族自古供奉的天地君亲师排位中，唯有教师赫然在入列。当兵就要当将军，当教师就要当名师。不想当将军的士兵不是好士兵，不想当名师的教师不是好教师。

　　学高为师，身正为范。高楼大厦，起于地基；当好教师，始于讲好课程。这是对当好教师的最起码的要求。

　　王文祥恢复任教资格后，仍被安排从事中医理论课的教学。

中医理论历史悠久，博大精深，是中华民族优秀历史文化中的一座伟大的宝库。但中医理论多为古人著述，文言文居多，玄乎深奥，苦涩难懂，历来是老师难教、学生难学的课程。老师上中医理论课基本上是照本宣科，从概念到概念，从理论到理论，成天叫学生抄黑板，记笔记，死记硬背，学生如堕云里雾里，头晕脑胀，枯燥乏味，纷纷逃课的逃课，打瞌睡的打瞌睡，没有几个认真听讲，教学效果甚微。王文祥偏不信这个邪，他认为教学如同登山，只要刻苦钻研，勇于登攀，就没有登不上的大山，更没有讲不好的课程。决心以敢吃螃蟹的精神，潜心破解中医理论课的教学难关。

他结合实际，认真分析了中医理论课难教难学的主要原因：一是教师自身的中医理论和古文功底不雄厚，以其昏昏，使人昭昭是不行的；二是教学与实践脱节，抽象说教，干瘪乏味，空对空，老师口若悬河，滔滔不绝，学生听得糊里糊涂，不知所云；三是教学方法刻板单一，死抠书本，一成不变，缺乏灵活性与生动性；四是缺乏良好的口才与技巧，好比秀才遇到兵——有理说不清，茶壶装汤圆——有货倒不出来。

在此基础上，他坚持对症下药，在"四个精心"

上狠下功夫：

——精心治学。打铁先要自身硬，授课全在功底深厚。要倒给学生半桶水，老师自身必须要有一桶水；要使学生学懂弄通，老师必须首先吃透精通。为此，他坚持不懈地从中医理论、古典文学和演讲与口才三方个面加强学习，全力打牢文化理论知识的功底。

——精心备课。认真钻研和吃透教材，深入领会其精神实质，努力把握好教学的重点、难点和关键点，找准突破口，变繁为简，化难为易，做到胸有成竹，画龙点睛，不打无准备之仗。

——精心授课。坚持理论与实际、内容与形式、方法与艺术三个结合，力求使讲课生动形象，栩栩如生，引人入胜。如在讲"七情所伤，喜伤心，怒伤肝，忧伤肺，思伤脾，恐伤肾"的中医理论时，他运用自己治病的典型病例，通俗易懂地加以说明印证："一年轻女子，头天刚结婚，第二天一早突然发疯，不穿衣裤，赤身裸体四处乱跑，其兄在无奈之下，将其痛打了一顿，但仍不见好转，其家人只好请我去治疗。我在详细听取其病情介绍后，叫其家人捉了一条蛇来，在其面前陡然一晃，立马将其吓昏过去，睡了一整天后醒来完好如初。以此说

明女孩是因结婚大喜过度而伤心，心火过旺而乱神，以蛇恐吓，好比冷水泼火，灭其心火故而正其心神。"学员们听得如醉如痴，哈哈大笑，留下了深刻难忘的印象。

——精心探索。他坚持"请进来，走出去"的方式，实行开门教学。一方面请经验丰富的老中医专家来讲专题研讨课；一方面带领学生走出去，到相关医疗单位进行现场观摩教学，从而使教学形式多样、生动活泼，学员喜闻乐见。

功夫不负有心人。原本枯燥难懂的中医理论课，在其精心讲授下，变成了学员们趋之若鹜、求之若渴的热门课。只要是他上课，不仅本班学生悉数到齐，而且吸引了不少其他班的学生来听课，堂堂爆满，座无虚席，受到学员们的一致好评。

有的中医教师却不以为然，私下在一起瞎发议论："牛皮不是吹的，汽车不是推的，飞机不是凭空上天的，有本事拉出来讲堂公开课试试"；"下里巴人对下里巴人讲课——一拍即合，阳春白雪对下里巴人讲课——和者盖寡"；"放牛场的胜于科班毕业的，那还办什么学校？凡人念经胜于和尚念经，那还建什么寺庙？"

校长于是决定：由王文祥上一次公开课，中医专业的教师全体参加旁听。他以其充分的准备、深厚的功底、详实的内容、通俗的语言、良好的艺术与口才娓娓道来，讲课精彩纷呈，高潮迭起，引人入胜，教师们在事实面前不得不为之叹服。

校长由此在教师大会上大发感慨："王文祥短短几年间在卫校创造了五个先例：第一个由师范专业改行到卫生专业学习；第一个在毕业实习中大占风头；第一个作为中专毕业生留校任教；第一个摘取全校教师资格考试的桂冠；第一个打破中医理论教学的老大难。一个年纪最轻、文凭最低、资历最浅、任教时间最短的农村毛头小子何以一路风骚？一曰，有志不在年高，无志空长百岁；长江后浪推前浪，世上新人胜旧人；莫道吾辈出道早，后来自有强中人。二曰，要有学历文凭论，不唯学历文凭论；师傅领进门，修行在个人；人不可貌相，海水不可斗量。"

这正是：

　　莫道中医难教学，潜心登攀若等闲。

　　昔日冷门变新宠，堂堂爆满尽欢颜。

第四节　接管乱班

有诗为证：

　　初生牛犊不怕虎，狂野不羁难教管。

　　莫道东风唤不回，自告奋勇管乱班。

　　乱麻一堆何着手？剑指出操老大难。

　　以身为范树恩威，五管齐下换新颜。

　　班主任是一班学生之主管。当好班主任是当好教师的另一大基本功。

　　有的人对当班主任不屑一顾，以为无非是个娃娃头，何难之有？大错特错！娃娃头不好当！一个班的班主任相当于军队一个排的排长，要求具有较高的综合素质和组织管理能力。要当好班主任不易，要管好工农兵学员中的乱班更不易。

　　当时的卫校学员大多是经过艰苦磨炼的下乡回乡知青，或务过农，或做过工，或当过兵，大多具有一定的思想文化水平和社会生活经验，能言善辩，

年龄与社会阅历同老师相差无几。因而一些学生不把老师放在眼里，不少老师一说到当班主任就头痛，认为学生难管，班主任难当，个别甚至整死不当班主任。

唯独王文祥例外。他认为讲课体现的是教师的业务素质，当班主任体现的是教师的综合素质，一个称职优秀的教师，不仅要善于讲好课，而且要善于当好班主任。"你想要知道梨子的滋味，你就得亲口尝一尝，不入虎穴，焉得虎子？"不当班主任，何以提高自身综合素质？

胸有大志人自奋。他除当好普通班的班主任外，对其他老师认为难管、不愿管的差班乱班，均来者不拒，主动争取去管。

中医医士三班由于干部子弟较多，娇生惯养，调皮难管，一度成为全校有名的乱班。

昭觉冬季气候异常寒冷，有的学生早上一贯睡懒觉不愿做早操。一天早上，班主任老师陈启勇前往查房时，几名学生依然还在睡懒觉，他好说歹说，但学生百般狡辩，无论怎么说就是赖床不起。他在一怒之下使尽全身力气，将为首者连人带被抱起来一下子重重地摔在地上。这位学生当即大哭大闹："我爸爸是县长，妈妈是机关干部，他们从来没有这样对待过我，你是军阀作风，蛮横粗暴！"陈在无奈之下索性撒手不管。

值周老师连续一周检查各班出早操的情况，发现陈所管的班每天早上只有一半学生出操。于是便将这一情况向校长作了汇报，校长在全校教务大会上公开对陈点名批评，陈满脸委屈地说："我无法管，谁管得了谁管！"当即辞职，甩手不干。校长大声问道："谁愿去当这个班的班主任？"王文祥当即自告奋勇地表示："我愿意去！"校领导当即宣布，由其接任中医医士三班的班主任。

当天下午，教务处长便带着王文祥前往中医医士三班开会宣布。王文祥在会上作了慷慨激昂的简短就职演讲。"同学们，不想当将军的士兵不是好士兵，不想成才的学子不是好学子，不想创先进的班级不是好班级。大家都是朝气蓬勃的热血青年，都有把全班搞好的强烈愿望，都不是孬种！但校有校纪，班有班规，人有情感，在生活中我们都是兄弟姊妹，在校纪班规上都是袍哥人家，决不可拉稀摆带。从今天开始，无论是谁，违者一律是铁板上钉钉子——硬斗硬。让我们团结一心，携手并肩，为创建全校一流的先进班级而奋斗！"不少同学反映：王老师的讲话言简意赅，柔中带刚，铿锵有力。

大山民医

第五章 卫校历练

"新官上任三把火"。第一把火该从何烧起？王文祥经过深思熟虑，决定首先从解决出早操的老大难问题抓起。

第二天早上6点，他同几名班干部一道前往查看全班出早操的情况，见到大多数同学都出了早操，但仍有四人在睡懒觉。班干部反映：这几人都是干部子弟，从小娇生惯养，自由散漫，是全班有名的"老油条"，从未出过早操，"师刀令牌"都要尽了，就是拿他们没有办法。

王文祥感到：这是全班问题的症结之所在，必须痛下决心果断解决，优柔寡断，当断不断，必受其乱。但同时要讲究方法策略，以免把问题弄僵。

他沉思片刻，忽心生一计，胸有成竹地带领班干部来到四人所住的寝室，询问他们为何还不起床？四人异口同声地答道："感冒头疼、拉肚子，起不来呀！"

他以关心地口吻说道："你们远离父母，生病必须及时治疗，否则会越拖越严重。我专门带了银针来，为你们扎针灸治疗。"

四人连连摇头说："不用扎！不用扎！"

他不由分说，叫几位班干部将其中的为首者张永红按倒在床，先后在其手、脚等穴位连续扎了十余针，扎得张哇哇直叫。接着叫人熬黄连苦药汤强行喂灌，同时又安排同学为其打饭送水、悉心照顾，对其软硬兼施，恩威并重。

另外三人见状后，吓得屁滚尿流，魂不附体，立马起来穿上衣服，连连告饶认错。

一石激起千层浪。从此之后，全班早上再无人敢装病请假、睡懒觉。每天早操整整齐齐，无一缺席，屡屡受到校领导的表扬，全班同学对其佩服得五体投地。后来四名装病睡懒觉的学员，除一人因病退学外，其余三人均由后进变先进，成为品学兼优的三好生。

在烧好第一把火的基础上，王文祥坚持五管齐下，以身作则，趁热打铁，大刀阔斧地推进全班各项管理工作：

——思想上心心相印。当好学员的知心人，设身处地的同他们交心谈心，讲理想、议人生、拉家常，时刻了解和掌握学员的思想动态，有针对性地做好思想政治工作，做到志同道合，情同手足，荣辱与共。

——学习上树先帮后。一面大张旗鼓地宣传学习先进典型，使之学有榜样，赶有方向；一面满腔热忱地做好学习后进人员的转化工作，使之由后进变先进。通过抓两头、带中间，使全班形成了你追我赶争上游，人人奋勇创一流的良好学习风尚。

——行动上身先士卒。要求学员做到的，自己首先做到；要求学员不做的，自己首先不做。无论是出操、打扫卫生、到学校农场劳动，还是参加各种公益活动，坚持处处走在前头，像爱护眼睛一样爱护团结，努力化解矛盾隔阂，不断增进全班团结。

——生活上关心体贴。把学员当兄妹亲人、朋友知己，满腔热忱地帮助他们解决学习和生活中的实际困难。学生生病，坚持用针灸、按摩和中草药积极为之治疗；对孤儿和家庭贫困的学员，经常自掏腰包，慷慨解囊资助。彝族学员罗国清，父母双亡，从小孤儿，每逢过年过节，他都要亲自看望问候，组织全班同学一起为其过生日，使之感到孤儿不孤，彝汉一家亲。

——业余活动上打成一片。组织学员经常开展丰富多彩的文体活动，为他们摆故事、讲笑话，大家乐得前俯后仰，哈哈大笑。星期天和节假日，组织全班凑钱买小猪，上山搞野炊，开展击鼓传花、唱歌跳舞等喜闻乐见的娱乐活动，同时现场教大家辨认中草药。既丰富了同学们的业余生活，增进了师生感情与友谊，又寓教于乐，取得了课堂上所起不到的效果，大家流连忘返，乐不思蜀。

精诚所至，金石为开。经过一年多的辛勤努力，全班由过去有名的落后班一跃变为品学兼优的先进班，在全校各种文体比赛中多次荣获一等奖，王文祥个人也被评为优秀班主任，受到学校表彰。毕业分配时，全班同学难舍难分，哭为一团。

2005年，在时隔30年之后，原凉山卫校76级五个班的同学在西昌邛海聚会，全校200多名师生员工，唯独只邀请了王文祥一人参加。他欣然到会，发表了热情洋溢的祝词，并为大家表演了精彩的武术节目。王文祥病逝后，有同学特意作诗一首为祭：

　　人海茫茫何相识？教学相长在校园。

　　风华正茂遨学海，挥斥方遒攀书山。

　　师生情深三十载，白首重聚喜无前。

　　恩君不幸离人世，今有疑难向谁言？

这正是：

　　自告奋勇管乱班，身先士卒率垂范。

　　恩威并重治顽症，后进摇变先进班。

第五节　扬名西昌

有诗为证：

西凉原本同根生，一衣带水源流长。

合并圣旨从天降，彝汉携手写华章。

欢天喜地迁西昌，谁知如入冷冻箱。

云遮雾绕路茫茫，何去何从意徬徨。

卧薪尝胆从头越，浴火重生威名扬。

凉山与西昌本属山水相连、唇齿相依的两地州。西昌以汉民族为主，320万人，下辖十县，首府驻设西昌县（1979年改县为市）；凉山以彝民族为主，150万人，下辖九县，州府驻设昭觉县。两地相距100公里。1978年经国务院批准，撤销原西昌地区，并入凉山彝族自治州，下辖老凉山州九县和原西昌地区八县，共十七县，自治州州府由昭觉迁往西昌。原西昌地区米易、盐边两县划归攀枝花市管辖。

凉山卫校与西昌卫校合并，统称凉山州卫校，校址设在原西昌地区卫校。1983年，原凉山卫校师生随州府迁往西昌。

西昌始治于秦代，先后置隶为邛都邑、建昌府、宁远府。1949年，国民党反动军队胡宗南部溃败，盘踞于西昌，妄图在大陆作最后的负隅顽抗，1950年解放大军乘胜南进，一举解放了西昌全境，解放后西昌设置为地区，为西康省管辖。1955年撤销西康省，划归四川省管辖。

西昌地处川西南高原的安宁河谷平坝地带，素有"第二成都平原"之称，地理位置优越，为攀西地区政治、经济、文化的腹地，中国西昌卫星发射中心所在地。境内山川秀丽，泸山、邛海等风景名胜众多，光、热、水条件好，气候冬暖夏凉、四季如春；人杰地灵，物产丰茂，自然条件得天独厚，不失为上天赐予凉山各族人民的一块风水宝地。被誉为一座春天栖息的城市，离月亮最近的地方，素有"中国工业的乌拉尔"、"航天城"、"月亮城"、"小春城"之美誉。

从老凉山腹地昭觉迁往地处安宁河平原的西昌工作，对老凉山的干部职工而言，好比从糠箩筐一下跳入了米箩筐，无疑是一件好事。

王文祥当时正在昭觉县医院协助工作，县医院

领导竭力挽留其留院工作，担任外科主任。是随校搬迁西昌，还是留昭觉县医院工作？这是他继留校任教之后面临的又一重大抉择。其好友陈启勇因家在越西农村，最后选择调回老家工作，结果怀才不遇，不得不辞职下海开诊所聊以养家，终生悔恨不已。因有前车之鉴，他权衡再三，认为到西昌的人生天地更为广阔，事业发展的前景更加远大，故人往高处走，水往低处流，最终选择随校搬迁西昌。

人的主观愿望是美好的，但现实是不以人的意志为转移的。

当他满怀豪情地来到西昌时，新的重大打击迎面而来，人生再次面临严峻考验与挑战。

文件上讲的是撤销原西昌地区，并入凉山，而实际等于撤销凉山，并入西昌。合并之初，原西昌地区的干部多以老大自居，看不起老凉山下来的干部，称老凉山来的彝族干部为老彝胞，汉族干部为二彝胞，一度备受冷遇和歧视。

凉山卫校迁往西昌后的情况同样如此。认为老凉山卫校的教师文化业务素质差、水平低，被打入另册。王文祥因中专学历而再度被取消任教资格，安排去附属医院当医生。

卫校附属医院当时在西昌名不见经传，知名度

很低。全院有医生和护士数十人，住院病床100来张，但平时门诊量很少，每天仅有二、三十个门诊病人，不够一个医生看。住院病人更是寥寥无几，病床大多成了摆设。医生们上班无所事事，不是逛街买菜，就是吹牛谈天、看报纸。喝喝茶水看看报，转转市场买买菜，回家抱抱小孩煮煮饭，这就是他们一天的工作写照。当教师上课有奖金，附院病人少，效益差，收入低，无分文奖金。医生们大都愿授课而不愿在附院坐诊看病。

王文祥擅长骨科，但附院又无骨科，他向校领导要求增设，领导担心其太年轻，业务上顶不起，怕造成人财物浪费而不同意增设，先后将他安排到五官科、中医科、外科等科室坐诊打杂。

漫凭天外云卷云舒，任由庭前花开花落，胸中自有雄心在，宁以不变应万变。

面对眼前的窘境，王文祥早已学会宠辱不惊，逆来顺受。他自信假以时日，"面包会有的，牛奶会有的，一切都会有的"。当务之急是尽快打开局面，绝不能坐等大好时光任由蹉跎，黄金年华无谓虚度。

卫校地处西昌城乡结合部，周边居住的多系农民。他经过悉心观察发现，其中有不少人因生活贫

困，患病无钱医治，躺在家中活活等死。于是他改坐等病人上门为主动走出去，义务送医送药上门，免费为贫困群众治疗。

1984年到1985年间，他运用针灸、按摩、点穴和中草药治疗配合，先后治愈了一些其他医院未能治好的疑难病症，在社会上引起了良好反响，由此一举改变了他在校领导心目中的印象。

西昌市西郊乡瑶山村三组69岁的农民曹福安，患重感冒发烧，连续4天高烧不退，滴水未进，到州一医院住院治疗，诊断为败血症，并下了病危通知，其家人在无奈之下已将棺材做好，准备料理后事。其小儿子抱着死马当作活马医的态度，背着医生悄悄来找王文祥诊治，他诊断为中医"气茎病"，用水牛角粉沫、蚯蚓、竹叶和腊鸟（草药名）合在一起为其熬水喂服，同时用针灸灸其足三里，扎十个指头放血，当晚病人微微出汗，半夜后开始退烧，第二天早上便开始喝米汤。随后转至卫校附属医院继续治疗，一周后病愈出院。

卫校附近一张姓13岁男孩，因为调皮，被其父用棍棒打致腰椎错位，送去州二医院治疗，医生要求做手术，因交不起钱，慕名来卫校附院找其治疗。他采用正骨手法，对其进行手法复位、配合点穴、针灸治疗，12天下床，20天伤愈出院。

西郊乡32岁的农民小宝国，因小腿被压成开放性粉碎骨折，软组织严重挫伤，到州上一家医院治疗，拟做截肢手术，但本人不愿截肢，经人介绍来卫校附院求其治疗。他采用根骨骨牵引术和自制小夹板固定，配合点穴、针灸、中药治疗，半年扶拐行走，一年痊愈。

1984年春节后，他因母亲生病，请假回越西探望。到西昌火车站乘火车时，在候车大厅看见一小男孩躺卧在担架上，他向其父母仔细询问了病情，又看了小孩在州一医院拍摄的X光片，了解到小孩名叫胡朝华，11岁，西昌市河西镇人，因颈椎严重错位，在州一医院治疗半年无效，医生要求转院去成都华西医院治疗。为筹集转院治疗费用，其父母变卖了所有家产。他向其父母介绍了自己的身份后，主动提出为其治疗，起初其父母不愿意，担心上当受骗，后经反复劝说，才勉强同意让其试试。他用双手捧着小孩颈项左右来回试了几下，然后用力一端，只听到；"咔嚓"一声，小孩颈椎立马复位。片刻之后，小孩手脚便可自由活动，半小时左右便从担架上站起来自由行走。其父母"扑通"一声双双跪倒在王文祥面前，热泪盈眶，连连磕头致谢。

在场围观的旅客们一片惊呼"神医！神医！在世华佗！"小孩父母当即邀他一道返回州一医院收拾行李，办理出院手续。其消息在州医院一传，立刻在全院引起轰动。与小孩同病房的住院病人见状后，一起找到主治医生要求转院说："你宣布为无法医治，要求转去省上的大医院治疗的小孩，今天在火车站未花一分钱，不到半杆烟工夫，便被凉山卫校一位姓王的医生立马治愈。我们在你这里治疗了一两年时间，钱花光了，病却不见好转，要求集体转院去卫校附院治疗。"那位主治医生大吼道："你们在哪里见过有一看就好的骨伤病？江湖骗子的把戏你们也相信？"几位病人一气之下将其推推攘攘地掀到病房说："不相信你自己看。"他定眼一看，但见小孩若无其事地在病房里跳上跳下，跑进跑出，顿时面红耳赤，哑口无言。不少医生和病人听说后都纷纷跑来围观，大声惊呼："奇迹！奇迹！天大的奇迹！"

神灵不俱庙子小，酒好何怕巷子深？第二天，在州一医院住院的骨科病人突然一下子自行转了三十多人到卫校附院治疗。附院外科当时只有三十多张床位，全部爆满，全校为之轰动。校领导惊喜不已，大呼："王文祥人才呀，人才，千金难买的人才！"

转院病人童帮汉，60多岁，参加过抗美援朝，髌骨骨折；陈祖国，50余岁，喜德县拉克铁矿工人，盆骨粉碎性骨折，伴髋关节脱位。州一医院拟对二人做开刀手术。其中童帮汉已开过三次刀，二人均不愿再开刀。王文祥对童采用点穴、牵引、手法复位术治疗，三月伤愈出院；对陈采取牵引、手法复位术治疗，三个月开始长骨架，七个月伤愈出院。

　　同时转院的病人中，另有两位是西昌乡下的农民患者，系锁骨粉碎性骨折，两位西医外科老教授坚持主张做开刀手术，王文祥根据自己过去的治疗经验，则坚决反对做开刀手术。他据理力争："做开刀手术容易刺破血管，导致伤口无法愈合，造成病人死亡。"院长批评他说："教授的话你不听，乱整！"最后反映到了校长那里。校长找他谈话说："小王，你是不是治好了一些病人，受到大家的称赞就忘乎所以，飘飘然了？"他镇定自若地说："不是，因为类似情况的病人，过去我治疗过很多。我向您立军令状，保证在不动手术的前提下，用中医方法将两人治好，不留任何残疾。若治不好，你取消我的医生资格。"校长问道："类似的病人，你过去治过多少？"他如实答道："先后治疗过100多例，其中仅有一例因断骨戳到神经，造成神经损伤，才

不得不做开刀手术。其余都没有开刀，全是采用中医方法治愈的。"校长在充分听取其意见后，信赖地安慰鼓励他说："实践出真知嘛，你不开刀治好100多人都没有残废，相信这两个人也不会残废。你就按照你的方案放心治疗吧，两位教授的工作我来做。"

他采用手法复位、小夹板固定、中药、点穴、针灸综合治疗，仅半月时间，两人便伤愈出院。半年后医院派人回访，前往回访的人正是原先主张做开刀手术的两位老教授。两人到达两位病人的家中时，看见其中一人正在挖地，另一人正在担大粪。两位教授问道："骨伤恢复得怎样?"两人高兴地答道："跑跳、背挑、肩扛、翻单双杠都没有问题。没有王医生的精心治疗，就没有我们的今天。请一定代我们向王医生表示感谢。"两位教授顿感无颜以对，自愧不如，对王文祥心服口服。

世上期高人，百姓盼神医。王文祥运用中医方法治愈骨科重症的消息，经凉山日报宣传报道后，在社会上引起了极大反响，一时轰动了西昌城乡。老百姓众口相传："凉山卫校出了一个骨科神医，不用开刀做手术，靠一双手、一根银针、一把草药，手到病除，一摸就灵，一看就好。"一时传得神乎其神。州内外、省内外的一些骨科病人，纷纷慕名而来。过去名不见经传的凉山卫校附属医院和王文祥本人，由此一鸣惊人，声名大振。

附院外科一改过去门可罗雀的凋零冷落景象，每天门庭若市，业务红红火火。日门诊量由过去的几人陡升到七八十人，仅住院病人就达三四十人，经济效益和社会知名度犹如温度计上的红色水银柱——直线上升。王文祥由此在全校脱颖而出，令校领导和同事们刮目相看，连年被评为全校先进个人，荣获特等奖。1985年，全校老师采取无记名投票方式，一致推选其担任附院外科副主任（主任系副校长兼任）。同时经党组织批准，光荣地加入了中国共产党，实现了其多年的政治夙愿。

这正是：

　　西昌受挫愈发奋，另辟蹊径破窘境。

　　手到病除解民疾，一举扬名全校惊。

第六节　家庭病床

有诗为证：

改革开放启新程，千古华夏筑金鸾。

睡狮猛醒惊世界，巨龙腾飞赛康乾。

无奈贫富两悬殊，百姓看病苦无钱。

心忧如焚施良策，家庭病床解民难。

十载送医无怨悔，扶危济困万万千。

始于上世纪七十年代末的改革开放，在过去二十多年艰苦奋斗的基础上，把社会主义现代化建设推进到了从站起来、建起来到富起来的历史新阶段，实现了经济、社会和人民生活前所未有的巨大变化。但是，社会分配不公、贫富悬殊的现象随之严重凸现，成了一大新的突出矛盾，并且迅速反映到了医疗方面。

一方面，不少富豪到医院看病前呼后拥，财大气粗，动辄找最好的医生，用最好的药物，住最好的病房，享用最好的条件，为求治病保命花钱似水，挥金如土。

另一方面，不少企业下岗职工、城镇居民、农村贫困群众，却因为经济困难而看不起病，住不起院，被拒之门外。有的因为无钱，望院兴叹，痛苦无助，不得不含泪而归；有的治疗到中途，因交不起后续费用，只好提前出院；有的索性放弃治疗，在家苦苦等死。有的医院和医生，对有钱有势的人则前呼后拥，有求必应，待若上宾；对社会底层的贫苦百姓则不闻不问，麻木不仁，冷若冰霜。

青出于蓝而感恩于蓝。王文祥与百姓可谓是生之于斯，长之于斯，而又植根于斯。他视百姓为衣食父母，与百姓心相连，情相系，命相依，砍断骨头连着筋。他四处为之大声疾呼：救死扶伤是医生的天职，对待病人不论彝汉贫富，当一视同仁；收费应从病人实际出发，经济条件好者全收；经济困难者少收或免收，可如隔鞋挠痒，隔山打锣，人微言轻，徒唤奈何？

1985年的一个星期天，一位农村骨伤患者慕名而来卫校附院住院，一直高烧不退，急需拍片检查诊治，但由于是星期天，负责拍片的医生不上班，因病情紧急，情况特殊，王文祥向校领导反映，要

大山民医

第五章 卫校历练

求通知拍片医生立马来院拍片。可校领导说："星期天不能影响别人休息，等星期一上班再说。"他恳求再三，校领导始终一口拒绝。结果因未能及时拍片检查救治而导致病人死亡。一个鲜活的生命就这样在其面前骤然消失，他心如刀绞，却又恨莫能助，他以泪洗面，为此大哭了一场。

另一天，西昌市礼州镇农民李少康家发生火灾，房梁垮塌，5岁儿子大腿被砸伤致粉碎性骨折，送去州二医院治疗要交700元手术费，因交不起钱而转来卫校附院治疗，王文祥再三向校领导要求免费为其做手术，但校领导说只免100元，收600元，而其父母身上仅有5元钱，连午饭钱和回家的车费都不够。王文祥万般无奈，只好眼巴巴地看着其父母绝望无助地抬着小孩渐渐远去。

当晚他彻夜浮想联翩，辗转难眠。脑海中不断浮现着高烧患者死亡的惨景和小孩绝望无助的神情，耳边反复回响着病人苦苦哀求的声音："王医生，请救救我们家小孩吧！"

他泪如泉涌，痛心疾首，屡屡发问："身为医生，见死不救，何以做人为医？"痛定思痛，他在内心暗暗发誓：绝不能让第一个患者死亡的惨剧在小孩身上重演。毅然决定：在患者家中为小孩设立家

大山民医

第五章 卫校历练

178

庭病床，义务送医送药上门，采取牵引、手法复位术，免费为其治疗。

他利用每周星期天骑自行车前往治疗一次，前后往返跑了二十余次。有两次小孩全家人均下地干活去了，他在门口等了近四个小时才回来。历经半年悉心治疗，小孩骨骼生长良好，痊愈如初。

小孩家中房屋被烧后，全家住在临时搭建的草房里，四面通风，一贫如洗。他不仅不收分文费用，反掏腰包资助其人民币500元，全家感之不尽，执意将仅有的两只鸡送他，被他婉言谢绝。

其后不久，西昌市中坝乡村民赵廷雁、刘绍六、黄天伦、黄克聪因工伤事故分别致髋骨和手脚骨折，为减轻患者经济负担和方便治疗，他在患者家中照此设立家庭病床，利用早晚时间和星期天、节假日送医送药上门治疗，直到恢复正常。

于是他秉承"任一方医生，治一方病人，交一方朋友，做一方善事，济一方百姓"的祖训，对无钱到医院治疗的贫困病人，坚持在患者家中设立家庭病床，定期送医送药上门，义务为困难群众治病。

但在少数同事中的一些闲言碎语不时而来："王文祥成天到晚热衷于为社会底层的人治病，忙得不亦乐乎，不知小伙子到底图什么？""物以类聚，

人以群分，什么层次的人必然同什么层次的人打交道。""烂泥巴糊不上墙，土包子难登上流社会的大雅之堂。"真可谓是：燕雀焉知鸿鹄志，鲲鸡常笑老鹰非。不忘初心铭使命，矢为民医无怨悔。

王文祥坦然面对：林子大了什么鸟都有，阳春白雪，下里巴人，和者盖寡；人各有志，不可强求。他走他的阳关道，我过我的独木桥。井水不犯河水，由他说三道四去吧！

从此在西昌城乡的山村小道上，人们经常看见一位身挎药包和水壶，脚踏自行车，一年四季早出晚归，辛勤奔波，热情为群众送医送药上门的中年男子，那就是王文祥。他十多年如一日，风雨无阻，从不间断，就连女儿出生时，都还在从西宁镇返回西昌的路上。

从1985年到2011年其去世前的十七年间，他先后义务上门为贫困群众治病达千人之多，往返行程达数万公里之遥。西昌山山水水都留下了他辛勤奔波的脚印，村村寨寨都洒满了他送医送药的汗水，千家万户至今还传颂着他义务为民治病的佳话。有患者特咏诗一首为纪：

晨踩单车走他乡，夜披星光把家还。

冷饿苦累俱忘却，痴心送医解民难。

张三堂上榫接骨，李四房前上夹板。

蓝天白云映丹心，风雨阳光写华年。

喜看百姓扬笑脸，老泪纵横尽欢颜。

载载往复无怨悔，千村万寨美名传。

王文祥后来在回忆这一经历时感慨地说："尽管自己非常劳累疲惫，牺牲了几乎所有休息时间，失去了许多陪伴家人的天伦之乐，但看到一个个在死亡线上挣扎的病人康复如初，一个个患者家庭重拾欢笑，心中感到无比的欣慰与快乐。"

这正是：

扶危济困施善举，家庭病床解民难。

多年送医无怨悔，仁心妙手树医范。

第七节　砥砺攻坚

有诗为证：

疑难病魔如猛虎，肆虐人间多少年？

位卑未敢忘忧民，喋血忘命苦攻关。

十载寒暑无人问，一朝报捷美名传。

满腔心血化硕果，造福患者万万千。

大医精诚，医德为宗，医技为纲，科研为先。

在长期的骨科临床医疗中，王文祥深深感到，当今各类重大交通和工伤事故越来越多，骨伤患者在病人中所占的比例很大，各种疑难杂症和后遗症较多。有的因长期发炎而患上骨髓炎，终生无法治愈；有的变成了植物人，成了不是死人的死人；有的做开刀手术后造成终身残废和瘫痪，甚至死亡，给患者及其家庭带来无尽的痛苦和灾难。在治疗效果上，西医说西医好，中医说中医好，王婆卖瓜，自卖自夸，历来莫衷一是，乃至相互诋毁，互不服气。

这些国家级乃至世界级的医学难题，如同一座座莽莽大山、一道道天堑雄关，一条条拦路猛虎，横挡在骨科医学的大道上，赶不走，搬不开，绕不过，砸不烂。俗话说：你要知道梨子的滋味，你就得亲口尝一尝；不入虎穴，焉得虎子？不横下一心搞科研，何以攻坚克难，摘取医学桂冠？

位卑未敢忘忧民，医微勇与人争先。王文祥自立军令状：横下决心，背水一战，朝着一个个看似遥不可及的骨科医学难题发起冲击。从1985年到1995年的十年中，他白天在附院外科上班看病，晚上便一头扎进学校实验室，夜以继日加班加点，呕心沥血，砥砺攻关。

他对科研的执着与痴迷，如同战士离不开疆场，鸟儿离不开蓝天，骑士离不开骏马，水手离不开心爱的大海，魂牵梦绕，心驰神往，如癫似狂。

别人看似枯燥乏味、阴森冰冷、孤独寂寞的实验室，在他面前却似宝藏无数、风光无限、气象万千的金山银山，恍若"天生一个仙人洞，无限风光在险峰。"他以"卧薪尝胆""破釜沉舟""越甲吞吴"的气魄，在荆棘丛生的医学崎岖小道上义无反顾，勇往直前，喋血登攀；执意去登顶领略医学险

峰的无限风光，拼命去摘取骨科医学顶峰的金色桂冠。

其家距实验室不过百米之遥，在攻关的关键时刻，他索性住在办公室，连续几天几夜大门不出、二门不迈，废寝忘餐，通宵奋战，以至闹出了不少令人啼笑皆非的笑话：

一次，他从头天下午进入实验室一直通宵奋战到第二天早上上班时间，但脑子里的时间却依然停留在头天下午。当他从实验室出来放风时，同事问他怎么还不上班？他随口应道："天还没有黑，上什么班？"同事对其回答感到莫名其妙，不知所措。后来他才发现已经是第二天早上的上班时间了，于是赶紧跑去附院上班，结果因为迟到被罚人民币2元。

一天清晨，他从实验室熬夜出来到街边跑步锻炼，边跑边还在埋头沉思科研课题，不经意间一下子撞在了水泥电杆上，痛得两眼直冒金花。他误以为是别人撞到了自己，埋着头气冲冲地说道："走路为何不小心，撞到别人都不知道？"走在其后面的几位女士见状后哈哈大笑，说他是"疯子、神经病"。他抬头仔细一看，才发现是自己撞在了水泥电杆上。

大山民医

第五章 卫校历练

又一次，卫校组织教师去昆明世博园参观。上午一入园，他就独自躲到一个偏僻的角落里潜心钻研攻关课题，一钻研就是大半天，景未看，水未喝、饭未吃。下午大家离开时找不到他，只好通过世博园的广播喇叭通知："四川凉山州卫校王文祥老师，你的同事们在世博园大门口等你，请你火速前往。"这时他才匆匆赶过来。

王文祥家中上有70多岁的老人要照顾，下有两个年幼的儿女要抚养，生活来源就靠其每月数百元的工资及妻子打衣服的零星收入支撑。而他却将工资的大部分用在科研攻关上，先后买了几十头小猪和一百来只小鸡寄养在附近的农民病友家中，供做实验研究之用，由此造成家庭经济紧张，经常缺粮断炊。

卫校其他家庭早已用上了电视机、洗衣机和液化气，而他家中用的仍旧是原始的老一套。孩子看电视只能去邻居家，洗衣全靠人工手搓，生火煮饭依然靠木柴和蜂窝煤，就连丽萍打衣服用的缝纫机，都是花100元钱买的别人折价处理的旧机器。偶尔带小孩外出游玩，别人家的孩子要啥买啥，而他们家的孩子连吃冰糕、喝矿泉水都只能两人合吃一个、合喝一瓶。

别人家成天灯火通明，老少欢聚一堂，其乐融融，尽享天伦之乐；他们家则时时黑灯瞎火，门庭冷清，妻儿成天见不到他，生活重担几乎全压在文丽萍一人身上。有人取笑她："谁叫你嫁给了一个只顾事业不顾家的男人？"丽萍既理解和疼爱他，又拿他毫无办法，无奈之下，只好以离婚相威胁。他却幽默风趣地调侃道："同意离婚，财产全部归你，我什么都不要，只要一张草席。"丽萍大惑不解地问："你要草席干什么？"他诡秘地笑道："难道你不需要保镖吗？将来你走到哪里，我就背着草席给你当保镖到哪里。"丽萍一下又被他逗得开怀大笑，只好作罢。

事后丽萍对姨父王尧舜（原州建筑公司党委副书记、南下干部）提起此事，姨父开导她说："陈景润二十余年身居斗室，呕心沥血，攻克了哥德巴赫猜想的世界数学难题，成为举世闻名的大数学家。我看王文祥就是陈景润似的人，他持之以恒搞研究，将来必定大有出息。你能找到这样有事业心、责任感的男人，这是你的福分，你应当为之珍惜和骄傲。"

绳锯木断，水滴石穿。历经十载艰苦攻关，王文祥在疑难病症的攻研上取得了四个方面可喜成果：

其一，中草药治疗骨髓炎的攻研。

他通过长期临床观察发现，用西医方法治疗骨髓炎，因骨头长期发炎化脓，哈佛血管、中央管全被堵塞，在病菌之外钙化形成了一道坚硬的外壳，一般药物无法进入病灶。时下国内外的治疗方式是截肢，由此造成病人终生痛苦、残废，甚至死亡。而中草药在治疗各种骨科疑难杂症上有着不可替代的独特作用，于是决心用中医方法为攻克骨髓炎这一世界医学难题另辟蹊径。他逐一运用民间中草药单方，不厌其烦地在猪鸡身上进行反复试验。

十年中，他雄心勃勃、皓首穷经，先后运用800余种中草药，在200余只猪、鸡身上进行了上千次试验，但结果却是连连受挫、屡屡失败，希望越大、失望越大，几乎到了山穷水尽、黔驴技穷、心灰意冷的绝望境地。

山重水复疑无路，柳暗花明又一村。1995年3月的一天，他无意间偶然想起，儿时见过有人用一种草药治疗"髹子"，效果非常神奇，于是他扯来这种草药，先用银针将自己身上的"髹子"刺破，然后用该草药的叶汁轻轻点上，以此做试验，果然不出所料，四五天后奇迹发生了："髹子"黯然消失。之后他又在猪鸡身上反复试验，效果同样灵验。经

临床进一步实验证明，该草药能有效突破骨髓炎钙化的坚硬外壳，成功进入病灶，对其顽固病菌"星葡菌"具有神奇的灭杀抑制作用。这一意外的新发现，使之峰回路转、绝境重生，如同哥伦布发现新大陆一样，令其振奋不已。

在之后十多年的医疗实践中，他将这一成果运用于临床医疗，治愈了上千例国内外骨髓炎患者。用中医方法为攻克骨髓炎难症打开了一扇窗口，开辟了一条运用中草药治疗骨髓炎的新路子。

其二，手部神经血管走向脉络的攻研。

过去在做手部临床开刀手术的过程中，往往容易造成患者手部神经动脉损伤，导致手部残疾或瘫痪，给患者带来严重后遗症，造成终生痛苦。

为解决这一难题，他反复认真地学习了人体解剖学的相关著作，对人体手部神经血管的来龙去脉及其分支进行反复深入研究，做到过目不忘，滚瓜烂熟。在此基础上，结合临床人体解剖，带领学生从手部大神经血管到手指的细小神经血管，对照书本逐一进行反复解剖分析论证，他发现教科书上所讲的人体手部桡动脉血管与临床解剖存在明显错入。教科书上讲桡动脉血管行走于腕前，但解剖发现不是行走于腕前，而是行走于腕后。如果按教科书所讲去做手部腕背面的骨科手术，极易将腕背面的神经损伤或割断，对患者造成终生性的严重危害，以此否定了教科书上的错误论断，从而在以后的手部腕背面手术中，有效地避免了这一情况的发生，大大降低了手部骨科手术的风险性。他将这一研究成果运用于临床医疗，取得了良好效果。之后他在全国和省、州相关中医骨科手术交流会上，将此成果作为经验交流，得到了同行们的一致认可。

其三，破皮骨折病人的对比治疗性攻研。

他带领医务人员，对破皮骨折（开放性骨折）的外伤患者各比照30例，分为中、西医两组进行对比性治疗，以验证中西医治疗骨伤效果的优劣。其结果是，采用中医治疗的效果均优于西医，且费用比采用西医治疗的费用节约百分之八十左右。中医治疗骨折，虽然有时复位不理想，但不会导致残疾；西医手术复位很理想，但往往容易造成肢体残疾、骨折不愈合或反复手术，给病人带来巨大痛苦和沉重经济负担，甚至造成终生残废。中医治疗无抗药性，副作用极小；西医治疗的抗药性较强，以至因使用抗生素而将人体的正常细胞大量杀死，导致免疫力丧失。中医采用小夹板固定，既能透气，又使肌肉生长良好；西医全部采用石膏固定不透气，且

易造成患者肌肉生长粘连。

对比治疗的研究证明：运用中医方法治疗骨伤，不论是费用、效果还是减轻患者痛苦方面，均明显优于西医。但现今无论中医、西医都喜欢采用西医手术治疗，而不愿采用中医方法治疗。其原因不言而喻：醉翁之意不在酒，而在钱与利。医院和医生不是不懂得中医治疗骨伤的优势与特长，而是因为西医做手术收费高、来钱快，动辄数千、数万、乃至数十万的天价。医院做手术普遍实行提成，医生做的手术越多，提成越大，而且还有患者为求保命，不得不违心奉送的滴血红包。因而做手术成了医院和医生的一大提款机和生财之道，不论病人是否痛苦？该不该做手术？将来残不残废？管它三七二十一，反正割开皮肤就是钱。什么医德医风和良心，什么救死扶伤、治病救人，统统被抛在了九霄云外。

王文祥老表4岁小孩股骨骨折，去一家大医院治疗，老表的表弟就是这家医院的外科医生，同样主张做开刀手术，因老表不同意，转而找王文祥治疗。他采取牵引、小夹板固定的方法治疗，三个月就完好如初，无任何疤痕和后遗症。

在王文祥后来下海创办的医院中，有的医生见到别的医院做手术分成多、收入高，眼红心急，迫不及待地要求多做手术，他斩钉截铁地坚决回绝："医院是救死扶伤的圣洁之地，不是屠宰场；医生是生命的天使，不是见钱眼开的刽子手。别的地方怎么干我管不了，但在王氏骨科医院，这种只顾个人挣钱，不管病人死活的伤天害理的事，绝对不能干！"令建言者无言以对。

在王文祥四十余年的从医生涯中，他坚持用中医方法治疗骨伤病人达十数万人之多，治愈率在百分之九十八以上，大受患者欢迎。

其四，颅外伤"植物人"治疗的攻研。

过去传统的西医对颅脑外伤病人通常采用打针输液治疗，治疗费用少则数万，多则数十万之巨。他经过长期研究和探索，采取先做颅内手术取出血肿，术后采用中药、针灸治疗，治疗效果十分显著。

1997年，德昌县五一乡大坪村张建明夫妇收养一养女张理秀，上学途中被汽车撞伤成"植物人"。到州上一大医院治疗两月，花了1.6万元，但小孩尚处昏迷状态，全身不能动弹，无好转迹象，因无钱续治，打算放弃治疗。王文祥获悉后，采用手术和针灸、中药免费为其治疗，第二天便可眨眼睛，手指能轻轻颤动，两个半月恢复正常出院。其父母感激地拉着他的手大声哭喊："王医生，你是我们的

救命恩人呀，我们永世不忘你的大恩大德！"半年后他去德昌下乡送医送药时，专门去张家回访，见到小孩已痊愈上学，但其家中一贫如洗，生活极端困难，当即慷慨资助其现金500元，全家感激不尽。

后来，他将上述科研成果运用于临床医疗实践，使之开出了灿烂的花朵，结出了丰硕的果实，造福了数以万计的骨伤患者，数以千计的骨髓炎患者和数以百计的颅外伤植物人患者，深受广大患者和人民群众的崇敬与爱戴。

这正是：

世间难症何其多，斗胆叫板有几人？

呕心沥血苦攻研，四大成果惠苍生。

第六章

下海办医

改革大潮，风起云涌，洪流滚滚，再一次将王文祥推向了时代的风口浪尖。为养家糊口，更为实现治病救人的人生梦想，他别无选择，毅然决然地走上了辞职下海，创业办医的打拼闯荡之路。

创业难，难于上青天。在强手如林的创业办医道路上，他是时代的幸运儿，但同时又是一个新兵。他凭借一种信念、一腔热血、一身奇术，与妻子一道，从零开始，徒手打拼，一路披荆斩棘，克难攻坚，创造了一个又一个奇迹，书写了一个又一个神话。

真可谓是：

历尽劫难雄心在，绝处逢生再攀高。

九死一生何足惜？甘为医学竞折腰。

第一节　创办诊所

有诗为证：

　　堂堂男儿大丈夫，何以养家扶危难？

　　创业办医破天荒，立马横刀勇当先。

　　强手如林何所惧？仁心妙手绘春天。

　　重重受掣惹非议，区区诊所何以安？

　　上世纪八九十年代是中国经济大变革、大分化、大重组、大涤荡的梦幻年代。东西南北中、党政军民学，全民经商破天荒，给无数人带来机遇，走向成功，成就梦想；让无数人折戟沉沙，倾家荡产，一无所有；使无数人鬼使神差，前仆后继，如癫似狂。而王文祥与之不同，他是逼上梁山，追逐梦想。

　　敢于吃螃蟹的人，是需要有巨大的勇气和担当的。自办诊所，行医创业，这在当时是石破天惊的大事件。王文祥就是这样一个敢于吃螃蟹的人。

　　他在卫校附院工作期间，两大隐忧一直困扰着他：一是爱人文丽萍无固定工作，仅靠自己的工资及丽萍帮人打衣服的微薄收入难以养家；二是贫困群众无钱看病的情况越来越突出，可学校又不同意减免。他身为白衣天使，却又无能为力，爱莫能助。

大丈夫的使命是修身、齐家、报国、济天下。可王文祥人到中年，妻子就业无着，仅靠自己一人工资，连养家糊口的问题都未解决，何谈报国为民，兼善天下？不免心生惆怅。

时来运转，机从天降。

1992年卫校开办成人医护班，王文祥灵机一动：爱人靠打衣服做临工毕竟不是长久之计，何不动员她报名参加学习？毕业后有机会既可参加工作，也可自办诊所养家，同时实现自己创业办医、为民治病的梦想。

于是他向丽萍讲了自己的想法，丽萍内心感到十分矛盾：觉得卫校教师家属很多，但都没有人去报名，同时觉得自己年龄大了，只愿过普通家庭妇女的生活，不愿再重新打拼。可她转念一想，从医创业、为贫苦百姓治病是王文祥一生的梦想，作为妻子，我不支持谁支持？我不帮谁帮？经过一番激烈的思想斗争，丽萍欣然同意。

夫妻俩将其想法向校领导作了反映，校领导当

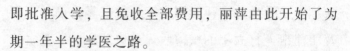

即批准入学，且免收全部费用，丽萍由此开始了为期一年半的学医之路。

1993年3月，丽萍由成人医护班毕业，王文祥向州卫生局领导要求安排工作，局领导说卫生系统没有工作的家属太多，安排工作极为困难，但表示可以给一个开办私人诊所的指标，自办诊所解决就业问题。

他俩商量再三，认为找不到工作，创办诊所也不失为解决养家糊口问题的一大生计，同时也是实现从医创业、为民治病梦想的必由之路，大势所趋，机遇难得，别无选择。

于是第二天他俩便到有关部门，以丽萍的名义办理了相关证照。多年创业从医的梦想，而今如愿以偿，王文祥双手捧着盖有大红印章的证照，心中如翻江倒海，激动得热泪盈眶，浮想联翩，彻夜难眠。

随后，他俩在卫校附院大门的街对面，以每月300元租金，租了州人民银行一间7平方米的门面，东拼西凑了一张旧木床、一张破桌子和一根木凳子，向别人借200元钱买了些简单的医药用品，便由此办起了凉山州第一家私人诊所："王氏骨科诊所"。

王氏骨科医业由此破土而出，迈出了历史性的第一步——创办诊所。

诊所人员就他们夫妻二人，名副其实的夫妻店。平常值班以丽萍一人为主，王文祥白天在卫校附院上班，早晚到诊所帮助坐诊看病。

诊所的宗旨是救死扶伤，治病救人，让最底层的贫苦百姓看得起病，看得好病，决不因为钱而耽误治疗；指导思想是"治一个病人，交一方朋友，做一方善事"。

万事开头难，难于上青天。当时的医疗行业全是公立医院一家独大的天下，无论是病人还是社会，对私人办诊所这一新生事物一时难以接受，总认为公立医院才是名正言顺的正统医院，私人诊所好比是私生子，不被认可。

无独有偶。更为不巧的是，州一医院开办的退休老专家门诊部东不设，西不设，恰好设在王氏骨科诊所的隔壁，仅一墙之隔。醉翁之意不在酒，而在以强凌弱，抵垮对手。而在诊所的街对面，又是凉山卫校的附属医院，可谓是冤家路窄，英雄所见略同，三家同唱一台戏。

州一医院堪称凉山州医疗行业的龙头老大，退休老专家大多是全州的医疗技术权威；卫校附院也是开办多年的老医院。不少人认为，王氏骨科诊所

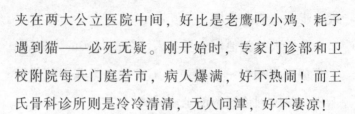

夹在两大公立医院中间，好比是老鹰叼小鸡、耗子遇到猫——必死无疑。刚开始时，专家门诊部和卫校附院每天门庭若市，病人爆满，好不热闹！而王氏骨科诊所则是冷冷清清，无人问津，好不凄凉！

酒好不怕巷子深，医高何惧别人强。机遇的大门永远是为有实力的人敞开的。诊所在经历短暂的艰难生存考验之后，迅速起死回生，出现良好转机。

老专家门诊部是按部就班的老一套——八小时工作制，一到下班时间就关门走人。一天下午5点半，一个肩关节脱位的五岁小孩由大人背着来找老专家门诊部看病，但早已关门走人，迫不得已只好到隔壁的王氏骨科诊所来看。因为要给小孩拍X光片，诊所没有X光机，王文祥便亲自带他们去州防疫站，自己出20元钱为其拍片。他看了片子后，立即为其复位，小孩随即停止了哭闹。第二天，小孩父母又带了两个腰椎疼痛的病人来诊所看病，夫妻俩采取中药、针灸、点穴、按摩治疗，半月痊愈。

卫校一学生牙痛难忍，在其他医院打针吃药，先后花了近万元医治无效，随后到王氏骨科诊所治疗，结果仅扎两次针灸，花了10元钱即疼痛全消。

木里县公路局职工王伟，因参与水毁抢险受伤，造成髌骨粉碎性骨折，慕名来诊所治疗，王文祥将

大山民医

第六章 下海办医

198

其安排到附近旅馆住下，一面对其进行复位手术并固定下肢，一面清理淤血，配合针灸、按摩治疗，14天下床活动，40天基本康复。

西昌市河西镇农民宋祥帮患骨髓炎到州一医院治疗，要交几千元医药费，而且要求必须截肢，因无钱医治，含泪来求王文祥治疗，他采用中医方法，对其实行免费治疗，不做手术、不截肢，半年治愈，且未留任何后遗症。宋感激不尽，自编了一首民谣四处传唱：

> 王氏骨科向阳花，东南西北都找它。
>
> 点穴按摩加针草，妙手回春顶呱呱。
>
> 看病不分穷与富，扶危济困福万家。
>
> 大雁高飞传名远，德高医精人人夸。

与此同时诊所降低收费，让利于民。按照卫生部门规定，扎针灸、点穴、按摩的病人，每次收费15元，外加挂号费2元。但他们只收药费，其余一概不收，特困病人费用全免，医疗收费平均只占其他医院收费的三分之一左右。目的是在保持诊所正常运转的前提下，让普通百姓看得起病，以最少的费用得到最好的治疗。他们在开办诊所一年之后，才还清当初所借的200元钱。

坚持特色，医术精湛、收费低、服务好，使诊

所得到迅速发展。1993年下半年开始，病人每天蜂拥而至，热闹非凡，异常兴旺火爆。而此时一墙之隔的州一医院老专家门诊部却早已偃旗息鼓，风光不再，门可罗雀；卫校附院门诊量也大为下降。

但两大困惑随之而来：

——树大招风。

诊所业务红红火火，招来了卫校一些教师的嫉妒与非议："王文祥白天在附院上班磨洋工，早晚在其诊所挣钱打冲锋，身为公职人员，损公肥私，吃里扒外"；"公然将诊所办在附院大门口，与学校抢生意、对着干，成何体统？"校领导亲自找其谈话，要求他将诊所搬远点，以免影响附院生意。无奈之下，夫妻俩不得不将诊所搬去离卫校较远的一处民房里继续开办。

——发展受掣。

不少骨伤病人必须拍X光片检查和接受住院治疗，但诊所无权开展拍片检查和接收病人住院的业务。为此对需要拍片的病人，只好出高价去大医院拍摄，利润大多被高额片酬所抵消，导致诊所效益入不敷出，难以为继；对需要留住治疗的病人，只好安排去旅馆入住治疗，导致病人开支增大，无力承受，且治疗诸多不便。同时诊所靠丽萍一人支撑，

大山民医

第六章 下海办医

200

早已无法适应形势发展的需要。

　　王文祥后来在回忆起办医创业之初的这段艰辛历程时，不禁有感而发，自咏诗一首抒怀：

　　　　办医创业何其艰？荆棘丛生尽险关。

　　　　以德立道守诚信，医技为纲树典范。

　　　　质优价廉扬特色，一枝独秀傲群贤。

　　　　树大招风惹非议，扁舟一叶向谁边？

　　这正是：

　　　　养家济民开诊所，个中甘苦谁知晓？

　　　　苦心经营业兴盛，困扰重重似火烧。

大山民医

第六章　下海办医

第二节　开办医院

有诗为证：

　　鸟枪换炮办医院，破釜沉舟上梁山。

　　三间小屋几桌凳，条件简陋病人嫌。

　　寄人篱下干打垒，名曰医院实为店。

　　房租飞涨何堪负？梦想搬迁自修建。

　　如果说办诊所是娃娃背家家的小游戏，办医院则是鸟枪换炮的大营生。

　　当机立断，果敢决策。

　　面对一系列非议与矛盾，王文祥与文丽萍反复商量认为，根本出路是开办医院。唯有如此，才能名正言顺地开展拍片和接收病人住院的业务，彻底摆脱嫉妒与非议，从而实现从医创业的远大梦想。但开办医院仅靠丽萍一人，独木难撑，孤掌难鸣，唯一办法是王文祥彻底辞去公职，孤注一掷，全力以赴下海创业，与丽萍一道夫唱妇随，自主沉浮，

大山民医

第六章　下海办医

轰轰烈烈绘一番宏图，干一番大业。

破釜沉舟，逼上梁山。

1997年，王文祥毅然向校领导递交了辞职报告，但得到的答复是三个字：不同意。原因很简单，他是学校举足轻重、不可或缺的门面和顶梁柱。经王文祥再三请求，死磨硬缠，校领导只好勉强同意。于是王文祥由此正式辞职下海，义无反顾地走上了艰难而辉煌的创业办院之路。

事后有朋友对王文祥说："你太傻，为何办成辞职而不办成病退？办病退，将来创业不理想还有病退工资可拿，办辞职就什么都没有了。"他义正词严、斩钉截铁地说："我之所以下决心辞去公职，目的就是要不吃软饭，不占国家便宜，自断退路，破釜沉舟，大干一番事业，那种三心二意、脚踏两只船的事我绝对不干。"言辞凿凿，掷地有声，令劝言者自愧不如。

白手起家，从零打拼。

1998年，夫妇俩向别人借了5000元钱，在经过短暂的筹备之后，以每月3000元租金，租用泸月旅馆附近的单位旧房，"干打垒"，白手起家，办起了全州第一家民营专科医院——西昌王氏骨科专科医院。

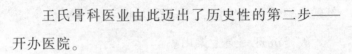

王氏骨科医业由此迈出了历史性的第二步——开办医院。

医院地处偏僻的西昌城乡结合部，其房屋之破旧，条件之简陋，工作之艰辛，境况之凄惨，堪比战争年代的战地医院。医院全部家当就是租用面积不足80平方米的四间旧房、一台别的医院报废处理的旧X光机及几张桌凳。美其名曰医院，其规模设施仍然为不是诊所的诊所，人员依旧是租房开办的夫妻二人店。不同的是可以拍片和接收病人住院。医院的整个使用空间就是一间诊断室、一间手术室，两间病房兼厨房。

革命样板戏《沙家浜》中的日伪军司令胡汉山自我调侃："想当初，老子的队伍才开张，总共只有十几个人来，七八条枪。"而王文祥的医院开张时，总共只有一男一女来，三四间租用房，不胜寒酸凄凉。可谓是盛名之下，其实难符。

王氏骨科医院正是在这样简陋的条件下，像呱呱落地的婴儿，似大海航船上升起的桅杆，如东方喷薄而出的一轮朝阳，背负远大梦想，迎着雨雪风霜，开始了创业办院的艰难远航。

医院一开张，夫妇俩全身心地投入医疗工作。王文祥既是院长，又是主治医生，诊断、按摩、针灸、点穴、开处方、做手术等一条龙医疗，样样干完，独挑大梁；文丽萍既是副院长，又是助手，从配药、护理、手术协助到卫生、后勤杂务，一手一脚，全盘包揽。

人们戏称当时的王氏骨科医院是："一个牌子、四间房，夫妻二人来当王；送走星星迎太阳，不知何时才登大雅堂?"

迫于条件限制，他们坚持特长，发挥优势，因病施治，除个别特殊紧急情况外，严格实行四不原则：不做开放性骨折手术，不打针，不输液，不使用抗生素。坚持运用传统中医方法为人治病，最大限度地减轻患者痛苦，避免造成残疾和后遗症，千方百计还病人以健康。坚持以精湛的医术，热心的服务，优质的疗效和廉价的收费吸引病人，取信于民。

山不在高，有仙则灵；院不在大，医精则名。

医院在经历短暂的沉寂之后，声名大振，全州各地和社会各界的病人慕名直奔王氏骨科医院、直奔王文祥而来。夫妻俩起早贪黑，呕心沥血，日夜操劳，成天既忙于医疗和后勤，又忙于照顾和接送病人，一年四季累得不亦乐乎，上气不接下气，常常深更半夜才下班，回到家中早已筋疲力尽，倒床

便呼呼大睡。所有家务几乎都无法顾及，全丢给老人和孩子自行料理。

但三大新的矛盾又如同拦路猛虎，再一次横挡在他们面前，考验和挑战他们的胆识，智慧与魄力：

——院红租高。医院实行廉价服务的方针，利润本来就很微薄，但随着医疗业务的不断发展，房东垂涎三尺，心生嫉妒，把医院当成提款机，狮子口大开，不断抬高要价。在短短几个月时间内，房租由开始时的每月3000元猛涨到8000元，成了医院的一大沉重负担，其辛辛苦苦所挣的血汗钱，大部被房租所抵消，除去其他开支外所剩无几，在很大程度上成了为房东打工。

——院陋人怨。尽管大多数病人对医院的简陋条件并无苛求，认为"我们不是来享受的，是慕名而来治病的。"但在少数病人及其家属中仍时有微词，闲言碎语不绝于耳："这哪里是医院？分明像个宰猪场"；"西昌城里怪事多，过去只见过寄宿制学校，现在居然又出现了寄宿制医院；"名曰堂而皇之医院，实乃夫妻二人店，有名无实，还不如区区一个单位的医务室。"

——人员和场地拥挤不堪。随着病人和医疗业务的大量增多，现有场地和人员均已无法容纳。医院每天的门诊量由开始时的一二十人增加到了七八十人。医务人员由最初的夫妻二人先后增加到二三十人，租房办院的状况同医院快速发展的形势已严重不相适应。

面对新的严峻形势和挑战，王氏骨科医院何去何从？是迎难而上、激流勇进，还是偃旗息鼓、激流勇退？夫妻俩再次陷入了沉浮进退的艰难抉择。他俩赤手空拳，从零打拼，经历了太多的坡坡坎坎，走过了太多的艰难曲折，也曾想退下来过普通人的悠闲生活，但他们毕竟是冲锋陷阵的战士，离不开战场；是开弓之箭，无回头之说；是高速行进的列车，决无后路可退。他们再次毅然决断：痛下决心修建属于自己的院舍。

这正是：

租房办院正火红，三大困扰拦路挡。

风雨飘摇何从去？梦想搬迁自建房。

第三节　自建院舍

有诗为证：

　　两手空空建院舍，黄粱一枕白日梦。

　　洋人鼎助钱入账，领导批签地到手。

　　山重水复疑无路，柳暗花明迁新楼。

　　莫道世态尽炎凉，人间处处有亲朋。

　　自建院舍谈何容易？必须具备两大前提条件：一要有钱，二要有地。尢钱无地，等于空手套白狼，痴人做梦，癞蛤蟆登天，一切无从谈起！

　　钱从何来？——大洋彼岸美国病友的鼎力资助就是钱。

　　1995年，中国在西昌卫星发射中心为澳大利亚发射卫星，美国67岁的大资本家克来米尔，作为卫星发射承包商来到西昌，承揽澳星发射。克来米尔因小腿开放性骨折引发骨髓炎，先后在美国哈佛大学附属医院、新加坡国立医院、香港皇家国际医学院、台湾长庚医院、北京中国中医研究院等世界顶尖大医院，治疗十余年不见好转。几家医院均建议他截肢，但本人不愿意。克来西昌期间骨髓炎复发，西昌卫星发射中心张总工程师向其推荐说："西昌有个姓王的本地土医生，用中草药治疗骨髓炎效果奇好，建议找其治疗。"克来米尔起初不屑一顾，认为世界顶尖大医院的顶级专家都治不好我的病，在你这个偏僻边远的大山沟里还有什么高人能为我治好？于是便一口拒绝。

但因克在西昌承揽卫星发射先后长达一年多时间，后因冬季气候寒冷，疼痛难耐，只好勉强抱着试一试的心理，由张总工程师带着来找王文祥治疗。王文祥仔细察看其病情后以肯定的语气说道："可以治好，但因患病时间太久，病情较重，治疗需要几个月时间。"克半信半疑地说："你真能治好，我谢天谢地，时间长短无所谓。"王文祥采用自制中草药（骨髓炎消炎止痛散）为其治疗。克边治疗边忙于卫星发射，治疗断断续续，但佳音接踵而至：两月开始好转，三月炎症消失，四月基本治愈。

克来米尔在离开西昌前专程来向王文祥辞行，他通过翻译竖起大拇指万分感激地说："这次我来中国取得了两大预想不到的可喜收获：一是中国成

大
山
民
医

第
六
章

下
海
办
医

209

功为澳大利亚发射了澳星，二是你成功为我发射了医星。你用中草药把我在世界顶尖大医院多年治不好的骨髓炎病治好了。世界真神奇，高人在民间。中华医学了不起！你这个乡土医生了不起！"

克接着说道："我想在美国旧金山开一家中医康复医院，聘请你去当主管，把中医介绍到美国去，怎么样？"王文祥夫妇认为异国他乡太为遥远，语言和生活习惯迥然不同，当即婉言谢绝。

克继续说道："那就改在上海开办，仍然聘请你去当主管。"夫妇俩因故土难离，人地两生而再次婉拒。克最后对其再三表示，无论如何我都要感谢你，有什么困难需要我帮助的尽管讲。"

王文祥正在为无钱自建医院大楼而发愁，于是便鼓起勇气红着脸腼腆说道："我想把诊所扩建为医院，为更多的老百姓治病，由于缺乏资金，买不起地，建不起房，能否给予支持？克当即慷慨答道："建医院为人治病是好事，我来帮你想办法，但要等我回到香港再考虑。"（克在香港设有办事处）。

两个月后，王文祥收到了克来米尔从香港寄来的一张外文汇款单，他一看全是英文看不懂，只认得其中有个100的阿拉伯数字，误以为是100元，便随口对爱人丽萍说道："克来米尔先生寄来100元，

不知是美元还是人民币，你拿去银行取。"结果丽萍到银行去取时，工作人员告诉她是100万美元。九十年代中期1美元折合人民币为9.8元，共计折合人民币980万元，按大数计近1000万元。克来米尔先生的慷慨资助，犹如雪中送炭，暑中送凉，由此圆满地解决了自建院舍的资金第一大难题。

地从何来？——州政府领导的鼎力支持便是地。

当时，西昌市正在开发兴建贯通南北城区的城南大道，口岸特好，州、市不少重要部门和重大市政设施都迁至大道两旁兴建。夫妻俩做梦都在想，要是能在城南大道争取几亩地来修建医院那该多好，但绞尽脑汁思来想去，实在是山穷水尽，茫然无策，唯一的希望还是只有向州政府打报告。但王文祥从来就是个埋头做学问而不愿求人的人，他左顾右盼，东推西拖，始终放不下脸面去找政府领导。丽萍果断说道："你实在不愿意找，我去找。"丽萍怀揣请求解决土地问题的建房报告，诚惶诚恐地找到州政府分管领导张作哈副州长，张副州长仔细审阅后，在报告上大笔一挥，赫然写上"开办医院，为民治病，应予支持"十二个大字，随即转西昌市办理。不久西昌市政府正式批给其建房土地十亩，且地点就在城南大道中央的黄金地段，凉山州体育馆的斜对面。王文祥朝思暮想的自建院舍的土地这个第二大难题，又由此迎刃而解。

1998年在中外两大贵人的鼎力资助下，王氏骨科医院的房建工程正式开工兴建，经过两年多的紧张建设，2002年，一座占地7400平方米，建筑面积4116平方米的现代化医院新大楼拔地而起，赫然矗立在西昌航天大道的中心地段，成了一道亮丽的风景线，医院由此正式迁往新大楼开办。

王氏骨科医业由此迈出了历史性的第三步——实现了从租房办院到自建院舍的历史跨越。

从两手空空，一无所有，到梦想成真，变为现实，王文祥坐在崭新的医院大楼里思绪万千，泪如泉涌，感激之情溢于言表。真可谓是：

> 谁道无米难为炊？双手空空事竟成。
> 天掉馅饼佛献宝，车到山前自有路。
> 水到渠成唱大风，平地陡变新高楼。
> 抚今思昔感恩君，两眼汪汪成泪人。

有朋自远方来，不亦乐乎。

2003年，应王文祥盛情邀请，克来米尔先生从美国旧金山万里迢迢，专程来到西昌。他在详细察看医院新大楼的建设后大感震惊。他高兴地对王文祥说："在从美国乘飞机来中国的途中我还在想，你如果不是把钱用作医院修建上而是挪作他用，依照中美两国法律，我均有权收回。现在看到你用这笔钱兴建了一座现代化的崭新医院，购置了先进的医疗设备，我感到非常满意。单靠这点钱在美国是无法办到的，只有在中国、在你王氏骨科医院才能办到。你不仅是一位了不起的中医专家，同时也是一位了不起的创业家，相信你能把医院建设好，也一定能把医院管理发展好。将来有机会，我还要再来西昌看望你和你的医院。"临别时，克来米尔还同王文祥夫妇俩一起合影留念，并告诉夫妇俩：他住在美国旧金山，盛情邀请他们全家去美国旅游，费用由其承担，王文祥欣然应诺。

只可叹：天有不测风云，人有难料生死。

令人遗憾的是，克来米尔先生离开西昌回美国后，从此失去了联系，音信杳无。王文祥多次打其手机均无法接通。三年多后的一天晚上，他偶然拨通了克来米尔的中国秘书的手机，可这位秘书悲痛地告诉他："克来米尔先生在一年多前就已经去世了。"

惊闻噩耗，犹如五雷轰顶，令王文祥猝不及防。

他原本一直盼望着与之再次重逢西昌，可谁料到只盼得噩耗一声。他对这位成就自己建院梦想的

美国病友的溘然长逝，感到万分悲痛与怀念。他静
静地伫立在寒风中，默默地眺望着西边的漫漫夜空，
不停地搜索着一闪而过的流星，双泪长流，心情久
久不能平静。可叹老天无眼、岁月无情，可恨好人
命薄、徒唤奈何！痛惜之余，唯有在心中默默祝愿
其在天之灵永远安息。其情其景，其悲其哀，有诗
为念：

> 远隔重洋何相识？澳星牵线成知己。
>
> 正是创业危难时，千万重金飞相赠。
>
> 相约西昌重聚首，奈何一去杳音讯。
>
> 忽闻恩君身先去，空留长恨泪满襟。

这正是：

> 欲建院舍无钱地，两眼望洋空叹息；
>
> 中外贵人鼎相助，如愿以偿迁新舍。

第
七
章

锻
造
名
牌

为有牺牲多壮志，敢教日月换新天。

当员工们还沉浸在医院乔迁的喜庆中时，王文祥已把眼光放在下一个宏伟奋斗目标上：

——大力加强软件设施建设，把医院不断做大做强，努力创建一流的中医骨科医院，锻造名牌，感恩人民。

初心如磐，使命如天。他誓如凤凰，涅槃重生；愿做雄鹰，再搏蓝天；甘为勇士，再到中流击水，浪遏飞舟。

雄关漫道真如铁，而今迈步从头越。他再度以卧薪尝胆、破釜沉舟的气魄，精神抖擞地踏上了新一轮创业办医的漫漫征程。

真可谓是：

昔日峥嵘岁月惆，未来道远任繁重。

天生一个仙人洞，无限风光在险峰。

第一节　特色办院

有诗为证：

世势纷纭遮望眼，医海茫茫向何方？

艰辛探索闯新路，特色办院谱新章。

矢志不移走正道，高扬人间正能量。

得道多助民拥戴，根正苗壮花飘香。

医院建设包括硬件和软件两大方面，其中硬件是基础，软件是核心。这犹如人体的结构一样，硬件设施是骨架，软件设施是五脏六腑。在抓好硬件设施建设的前提下，关键在于抓好软件设施的建设。

软件设施建设是一个复杂的系统工程，犹如一座座莽莽大山、一道道天堑雄关、一个个严峻考验，横挡在新一轮创业办医的大道上，等待着王文祥去登攀和跨越。

摆在王文祥面前的第一大系统工程是：如何坚持从王氏骨科的实际出发，走好医院发展的正确路子？

伟人名言谆谆在耳：思想上政治上的路线正确与否是决定一切的。路线对了，一切皆对；路线错了，一切皆错。

祖辈教诲念念在怀：做人从医的路子千万条，走好正道是第一条。

历史的前车之鉴令其刻骨铭心：中国革命在遵义会议前为何屡屡失败，濒临绝境，在遵义会议后则不断发展壮大，最终夺取天下？有的人创业为何风生水起，兴旺发达，有的人则偃旗息鼓，前功尽弃？究其根本原因，就在于所走的道路正确与否。

但是，在医疗体制改革的新形势下，办院路子的选择面临着诸多前所未有的复杂情况：一方面，各类民营医疗机构如雨后春笋，破土而出，蓬勃发展，出现了与公立医院平等竞争，比翼齐飞的大好局面，为人民群众医疗提供了极大方便。另一方面，大河奔流，泥沙俱下，鱼龙混杂：有的贪大求全，一味争办大而全、小而全的全科医院；有的认为西医来钱快，一窝蜂地争办西医，甚至将中医当作西医来办；有的钱字当头，把医院当作纯商业、纯企业来经营，只讲盈利赚钱，不讲社会信誉；有的甚至打着办医的旗号搞歪门邪道，不惜坑害病人，人

民群众对此反映十分强烈。

面对新的复杂形势，王氏骨科何去何从？

沪山在默默注目，邛海在潺潺发问，社会各界在殷殷关切，人民群众在窃窃议论。

沧海横流，方显英雄本色。王文祥从中国特色的成功经验中得到有益启示：中国革命、建设和改革之所以取得举世无双的伟大成就，其奥秘就在于坚持把马列主义之花与中国的实践之树相嫁接，走具有中国特色的发展正道。王氏骨科医院的发展同样必须坚持把党和国家的医疗政策之花与本院的实践之树相嫁接，走具有自己特色的发展正道。走正道顺天理得人心，脚踏实地，顶天立地；搞歪门邪道违天理昧良心，害人害己，最终是死路一条。特色是自己所有而别人所没有的优势和制胜法宝，只有自己的才是不可复制的，只有自己的才是世界的，吃别人嚼过的馍没有味道，盲目跟在别人后面追风赶潮是没有出路的。

大道既定，特立笃行。他带领全院员工紧紧围绕特色办院，从以下十二个方面义无反顾地进行了一系列的艰辛探索：

在指导思想上，摒弃只顾个人利益，不顾国家和人民利益的错误观念，树立兼顾国家和人民利益

的正确观念，努力做到三个统一：医院发展与国家和人民的发展相统一，经济效益与社会效益相统一，个人创业致富与服务奉献社会相统一。

在服务宗旨上，摒弃一切向钱看的错误观念，树立救死扶伤、治病为民的正确观念，坚持病人至上、质量至上、服务至上，坚持以人民群众满意为根本标准，树立良好社会形象。

在办院原则上，摒弃搞歪门邪道和不正之风的错误观念，树立公平正义、诚信敬业、仁爱友善的正确观念，坚持正道办院，正能量办院，办正能量医院，以此取信人民，取信社会。

在医疗方针上，摒弃重西轻中、崇洋媚外、妄自菲薄的错误观念，树立中西结合、两条腿走路、先中后西、以中为主的正确观念，坚持继承与创新结合，大力弘扬民族医学的传统优势，秉承王氏骨科的中医特色疗法，充分发挥中医在骨科医疗中的不可替代的重要作用。

在政治方向上，摒弃弱化和偏离党的领导的错误观念，树立坚持和加强党的领导的正确观念，将红色基因和血脉植根于医院，认真贯彻党的方针政策，大力加强员工的思想政治工作，充分发挥党组织在医院工作中的核心领导作用。

在工作定位上，摒弃"认钱不认人，院门朝南开，有病无钱莫进来"的错误观念，树立面向普通百姓和边远山区贫困群众的正确观念，坚持低收费的一贯政策，不与公立大医院争服务人群和对象，努力让城乡贫困群众看得起病、看得好病。

在重大决策上，摒弃老板个人拍板决策、经验决策、凭脑袋决策的传统落后观念，树立把员工当作主人，让员工平等参与决策管理的先进观念，实行民主决策，集体决策，科学决策。

在发展思路上，摒弃贪大求全，一味追求外延发展的片面观念，树立苦练内功，内强素质，外树形象的内涵发展观念，大力加强医院软件设施建设，努力争创一流发展。

在发展战略上，摒弃胸无大志，哪里天黑哪里歇的落后观念，树立立足当前、着眼长远、跨越发展的先进观念，预人之未预，谋人之未谋，发人之未发，抢占先机，出奇制胜，后来居上。

在发展目标上，摒弃坐井观天、小打小闹的小生产观念，树立干大事、创大业、铸辉煌的大发展观念，坚持立足西昌、面向全州、辐射攀西、走出凉山，打入成都，奔向北京，努力建设全省全国一流的中医骨科专科医院。

在发展重点上，摒弃朝三暮四、东一榔头、西一棒子的盲目观念，树立强基础、突重点、抓关键的科学观念，坚定不移地推进医院正规化、标准化、规范化建设，不断促进医院上档升级。

在思维方式上，摒弃固步自封、不求进取的僵化观念，树立与时俱进、开拓创新、锐意进取的新观念，将临床医疗与学习、科研紧密结合，不断抢占骨科医疗技术的制高点，努力创建学习型、科研型、创新型医院。

踏平坎坷成大道，不负江河滚滚流。

几番风雨探索，几番沉沦起伏，王氏骨科终于走出了一条"十二个摒弃、十二个树立"的特色办院的正确路子，犹如喷薄而出的一轮朝阳，在激烈的医疗竞争中，展现了蓬勃生机和美好发展前景，医院蒸蒸日上，一派兴旺景象，社会、经济效益稳步上升，赢得了广大人民群众和社会各界的一致好评。不少病人和群众感慨地说："王氏骨科特色鲜明路子正，信誉至上服务好，不愧为办在我们老百姓心坎上的平民医院。"

这正是：

艰辛探索结硕果，特立独行成大道。

特色鲜明路子正，高扬人间正能量。

第二节　医德立院

有诗为证：

　　悬壶济世承天道，救死扶伤慰苍生。

　　医改催生大发展，钱字当头天秤倾。

　　以德立院树正气，百姓拥戴众望归。

　　医患水乳一家亲，春风融融暖人心。

　　摆在王文祥面前的第二大系统工程是：如何坚持以德立院的原则，努力打造一流的医德医风？

　　两大忠告成了他一生矢志不移的从医信仰与价值追求。

　　父亲忠告：大德如天，厚德载物。道德为做人做事之根本和灵魂。教师是人类灵魂的工程师，医生是人类健康的工程师，无仁德者不配为师为医。医生自古分为三类：大德为仁医，平德为庸医，无德为诬医。仁医医人，庸医误人，诬医害人。我们为医当永远做仁医而决不做庸医和诬医。

老师忠告：医疗行业的标志为什么是"红十字"？因为"红十字"的一竖代表的是医德，一横代表的是医术，红色代表的是生命，意即要求医者必须以高尚的仁德和精湛的医术拯救生命。

在王文祥心目中，道德是人间最大的正能量。太阳无声，带来全球光明；花开无声，点缀四季美景；大德无声，塑造美好人间。几千年的中国历史，多少朝代如走马灯似的勃然兴焉，勃然亡焉？多少英雄豪杰名垂史册，辉耀古今？多少汉奸国贼身败名裂，遗臭万年？其奥秘全在于德义二字。大德大义者千古，不德不义者一时。

但是在医疗产业化、市场化、商品化和金钱化的冲击下，医德医风的现状令人堪忧。有的院门朝南开，有病无钱莫进来，将贫困患者拒之门外；有的滥做手术、滥用抗生素、滥输液、乱收红包；有的态度恶劣，作风粗暴，对病人冷硬横推；有的重复检查，重复治疗，重复开药，重复收费；有的肆意抬高医价药价，致使老百姓看病难、看病贵，看不起病。由此造成医患关系紧张，矛盾纠纷高发，人民群众怨声载道，纷纷将医疗与教育、住房和养老一道，称之为新的四座大山。

外界感冒，内部打喷嚏。有的医生看到别的医

院和医生搞不正之风来钱多，眼红心急，心生羡慕；有的医生见到其他医院做手术按比例分成，心急火燎，跃跃欲试；还有的认为讲医德医风是公立医院的事，民营医院的任务就是单纯盈利挣钱。

在此情况下，还要不要抓医德医风建设？如何抓好医德医风建设？

王文祥循循善诱，侃侃发问："请问医疗的天职是什么？医疗天职是拯救生命，而不是单纯经商办企业。我们创业办医的宗旨和初心是什么？宗旨和初心是救死扶伤、治病救人，而不是单纯盈利赚钱。我们办医靠什么取信于人民，赢取良好的社会经济效益？唯有靠良好的医德医风取信人民，以此谋取长远良好的经济和社会效益，舍此别无他路可走。因此，我们无论在任何时候任何情况下，都必须坚持以德立院的原则，始终把医德医风放在医院一切工作的首位。反之，那只顾个人赚钱，不顾病人死活；只讲经济效益，不讲社会效益的做法，最终无疑于自杀，自己毁灭自己。"一席话令员工们心悦诚服。

为此他坚持五抓五到位、一塑立的举措，一以贯之地抓好医德医风建设，努力打造一流的医德医风。

五抓五到位：

——抓好思想到位。做到四个牢固树立：牢固树立救死扶伤、治病为民的宗旨理念；牢固树立以德立院的服务理念；牢固树立不忘办医初心，牢记从医使命的责任理念；牢固树立治一个病人，交一方朋友的院训理念，筑牢医德医风的思想屏障。

——抓好教育到位。结合员工实际，深入抓好四个教育，强化四个意识：抓好医疗宗旨教育，医德医风教育，为谁工作、为谁服务的教育，假如我是病人，假如病人是我亲人的换位教育；强化责任意识、服务意识、宗旨意和作风意识，筑牢医德医风的教育屏障。

——抓好制度到位。坚持从诊断、检查、治疗、用药、收费的各个环节建立健全严格的医德医风责任制、一日清单制、医疗事故追究制和一票否决制，做到合理检查、合理治疗、合理用药、合理收费；避免病人多跑冤枉路，多花冤枉钱，多吃冤枉药，多受冤枉罪，筑牢医德医风的制度屏障。

——抓好服务到位。在服务病人方面要求做到五个严禁、五个不让。五个严禁：严禁看人说话，不论彝族汉族、生人熟人，坚持一视同仁；严禁以任何理由和借口将病人拒之门外；严禁对病人态度

粗暴，冷硬横推，敷衍塞责，马虎从事；严禁滥做手术、滥输液、滥用抗生素、乱收费和收受红包；严禁对患者轻易说不，只要有一线希望，就要以百分之九十九之努力去争取。五个不让：不论病人有钱无钱，一律先治病后给钱，有钱照收，钱少少收，无钱免收，做到不让一个病人因为钱而耽误治疗；不让一个病人因交不起后续费用而中途放弃治疗；不让一个病人因病情复杂而推去别的医院；不让一个病人因无路费而回不了家；不让一个病人对医院和医生产生失望。筑牢医德医风的服务屏障。

——抓好奖惩到位。坚持每年召开一次医德医风建设总结表彰会，大张旗鼓地宣传表彰先进典型，严格实行医德风一票否决制，以此激励先进，督促后进，形成人人你追我赶学先进，个个争当医德医风模范的良好院风，筑牢医德医风的奖惩屏障。

一塑立：

在医院大门口塑立医圣华佗的全身雕像，要求医护人员时刻以神医华佗为榜样，以其"上医医国，中医医人，下医医病"的千古名训为座右铭，以高尚的医德和精湛的医术悬壶济世，为民治病。

宝剑锋从磨砺出，梅花香自苦寒来。经过几许风雨磨砺，几许精心培育，全院的医德医风面貌发生了五个方面的可喜变化：凡病人出入院，主管医生和护士都要到医院大门口迎送；凡危重病人抢救，都要昼夜观察守护；凡病人悲观失望，都要做耐心细致的心理疏导；凡特困病人出院，都要为其购买车票或派车派人护送；凡出院病人，都要坚持定期回访，听取意见建议。

医疗行业的各种不正之风，在这里销声匿迹；人民群众看病难、看病贵、看不起病的问题，在这里迎刃而解；医患矛盾纠纷高发的现象，在这里烟消云散；不少贫困病人在这里享受了减免费治疗；不少病人成了员工们的好朋友；不少病人在离开医院时与员工抱头痛哭，难分难舍。真可谓：

医德大旗倚天擎，高扬人间正能量。

索玛花开红似火，香飘凉山尽春光。

风正帆悬正当时，酒好不怕巷子长。

医患情深似水乳，百姓翘首赞文祥。

不少病人感动地说："王氏骨科医院医德医风正，质优价廉服务好，不是亲人胜亲人，打着灯笼火把也难找。"

这正是：

医德立院行天道，得道多助院兴旺。

莫道王君起步晚，民心所向后居上。

第三节　人才兴院

有诗为证：

> 天下兴旺盼雄杰，医院腾飞赖贤良。
>
> 奔走院校选优生，立足实践育栋梁。
>
> 厚德载物院兴盛，才尽其用展特长。
>
> 四个精心铸团队，人才济济领风骚。

摆在王文祥面前的第三大系统工程是：如何坚持人才兴院战略，努力打造一流的人才团队？

古人云：天下大计，人才为本。千层高台，起于垒土；百年伟业，始于人才。谁赢得了人才，谁就赢得了未来；谁输了人才，谁就输了未来。

纵览历史，天下兴亡赖人才，治国安邦在人才，三国争雄靠人才，刘备三顾茅庐求人才。创业办医，关键在于招纳贤才。

当今医疗的竞争，核心是人才的竞争。各类医疗机构都把人才作为关键环节来抓，倾尽财力物力，大力培养人才；花大价钱送人去发达地区学习深造；不惜重金，到高校和社会上高薪聘用人才；八方招兵买马，千方百计抢挖人才。

王文祥花功夫最大的是人才，教训最为深刻的也是人才：

——办院之初因缺乏人手，临时从亲朋好友中聘用了部分人员救急，但也由此吃尽了家族企业任人唯亲，素质低下，关系至上，管理混乱的苦头。

——自己花血本培养的人才，有的一夜之间就跳槽去了别的医院，可谓是竹篮打水一场空。

——自己高薪聘用的人才，未到协议期限，再次被别的医院高薪挖走，可谓人财两空。

亡羊补牢，为时未晚。他痛定思痛，以此为训，坚持以院校选拔为主、岗位培训为主、临床培养锻炼为主的三为主方针，以四个精心为重点，重新打造具有王氏骨科特色的一流人才团队。

其一，精心选人。

从2002年起，他连年赴成都中医药大学、重庆医科大学、泸州医学院等省内外医科院校，通过查阅档案、走访老师、面试笔试等方式招纳贤才。其选人的原则与众不同，标准是三要三不要：

品行端正，心地善良，富有爱心，公道正派，为人亲和者要；品德不良，心地不善，处事不公，缺乏爱心者不要。

勤奋敬业，热爱劳动，干过农活，皮肤粗糙，手有茧疤，吃苦耐劳者要；不爱劳动，未干过农活，手无茧疤，怕苦怕累，怕脏怕臭者不要。

学习成绩优异，综合素质好，发展潜力大，实践能力突出者要；学习成绩差，综合素质低，发展潜力不大，实践能力平庸者不要。

从2002到2010年的9年中，他先后从医学院校毕业生中选聘人才300余名，从社会上高薪特聘经验丰富的专家7名。

有道是：

　　八载奔波若等闲，独具慧眼识英贤；

　　德才兼备优选优，根正苗壮花娇艳。

其二，精心育人。

坚持以岗位培训为平台，以临床医疗为实践，大力抓好六个方面的培养教育：

认真组织开展自学，要求每人每年必须学完两本医学专业书籍，半年举行一次严格考试；定期举办医疗业务讲座，由他和聘请的院内外专家主讲，每周一、三、五下午开讲，一年四季持之以恒，雷打不动。

大山民医

第七章　锻造名牌

230

由他和老专家在临床医疗中，手把手地教，苦口婆心地传，满腔热情地帮，耐心细致地带。

分期分批送往上海、广东、南京等医疗发达地区深造提高。

在临床医疗中放手锻炼使用，让他们独当一面，担挑大梁。

组织医护人员参加全州每年一次的职称评定统一考试，以考定职定级定岗，充分激发医护人员的学习积极性。

有道是：

院校初炼毛铁矿，实践熔炉锻栋才；

潜心搞好传帮带，桃李满园报春来。

其三，精心留人。

坚持抓好四个人留人：

坚持思想留人。把人才当知己、当朋友，经常与他们谈理想、谈人生、拉家常，设身处地为之着想，努力做到心相印、息相通、同呼吸、共命运、心连心，努力营造良好的思想环境。

坚持事业留人。大力宣传王氏骨科艰苦创业的过去、现在和未来，坚持以创业精神感染人，以发展成就鼓舞人，以美好前景激励人，以人文关爱凝聚人。同时大力表彰先进，鞭策后进，形成齐心协

力创一流，团结一致铸辉煌的工作氛围，努力营造良好的干事创业环境。

坚持感情留人。对初来乍到者，亲自为其铺床、烧水、煮饭、打扫卫生；对无住房者，千方百计为其安排住房或帮助租房；对未婚配者，主动充当红娘，积极牵线搭桥，设法在院内撮合结婚成家；对生活有困难者，不分彼此，热情给予照顾帮助，努力营造良好的情感环境。

坚持待遇留人。随着医院的发展和经济条件的改善，逐步提高员工的工资待遇，做到与医院同成长、同发展、同分享，使之有想头、有干头、有奔头。对从社会上聘用的专家人才，除给予高薪待遇外，干到相应年限同时赠送一套住房，以适当的工资待遇稳定人，营造良好的物质环境。

有道是：

　　春雨润物物兴盛，厚德待人人心归；

　　精心筑巢聚凤凰，人才济济共争辉。

其四，精心用人。

一是坚持五湖四海、公道正派的原则，不论彝族汉族、本地外地、亲戚朋友、生人熟人，做到一视同仁，一碗水端平，一个尺子用人。

二是坚持扬长避短、发挥优势，根据个人的能力与特长，因人制宜，量才施用，避其所短，用其所长，做到人尽其才，才尽其用，最大限度地调动人才的积极性。

三是坚持德才兼备、任人唯贤的原则，及时把公道正派、表现突出、员工拥戴的优秀人才选拔到领导岗位上来，配齐配强医院和科室两级领导班子。

四是赏罚分明，奖惩逗硬。工作能力和业绩突出的，该发展入团入党的发展入团入党，该提拔重用的提拔重用，该晋职晋级的晋职晋级，该表彰奖励的表彰奖励，该送去外地学习深造的送去外地学习深造；工作不力或出现严重失误的，该批评教育的批评教育，该惩处的依章依纪严肃惩处。

有道是：

任尔彝汉与疏亲？唯才是举水端平；

扬长避短展优势，才尽其用院生辉。

呕心沥血育栋梁，桃李芬芳春满园。十载辛勤浇灌，十载精心培育，王氏骨科终于建立起了一支德才兼备、独具特色、老中青三结合，以中青年为骨干的优秀人才团队，在激烈的人才竞争中，始终保持了相对稳定。有的来了就不走，一干就是一、二十年；有的中途跳槽走了，后又陆续返回，成了医院不可或缺的顶梁柱和"永久牌"。

大山民医

第七章 锻造名牌

233

2004年成都中医药大学毕业来院工作的仁寿籍医生徐兵，中途跳槽去成都省武警总队医院工作。走时对王文祥发了不少牢骚，说了不少气话，但他大肚包容，坦然面对。后来听说徐在生活上有困难，他去成都出差时还特地前往看望，将自己身上仅有的1000元钱给了徐。徐后来权衡再三，觉得还是王院长好，王氏骨科好，两年后又重返王氏骨科医院工作，并与院内一女护士结婚成家，后又被送去广东等地学习深造，返院后在凉山率先开展了手脚趾微创工作。2006年任微创科科长，成了医院独当一面的顶梁柱和"永久牌"。

　　这正是：

　　　　谁道东风唤不回？四个精心育英贤。

　　　　人才荟萃院腾飞，笑傲长空搏云天。

第四节　医技挺院

有诗为证：

医院兴衰缘何在？人才为本技为纲。

搭建平台强基础，弘扬传统展特长。

巧借它山抢先机，瞄准前沿筑高墙。

自主创新造药剂，出奇制胜后居上。

摆在王文祥面前的第四大系统工程是：如何坚持医技挺院战略，努力打造一流的医疗技术水平？

人类社会发展的历史令其振聋发聩：科学技术是第一生产力，是推动社会历史前进的火车头。缘何世界一战后美国崛起、二战后苏联崛起？缘何旧中国遭受百年屈辱，新中国在短短几十年间傲立世界？其奥秘之一就在于科学技术。当今世界的竞争，核心是科技的竞争，谁掌握了先进科学技术，谁就赢得了竞争；谁丧失了先进科学技术，谁就输掉了竞争。

医疗技术的竞争如火如荼:各类医疗机构都把医疗技术当作看家本领,不惜血本,拼尽人力、物力和财力,使出三头六臂,用尽九牛二虎之力,争相抢占医疗技术的制高点。

逆水行舟,不进则退,王氏骨科何以应对?

王文祥成竹在胸,当机立断:坚持三个结合,打好五大战略,实现五大突破,全力打造具有王氏骨科特色的一流医疗技术。

坚持三个结合:传统特色与开拓创新结合、自主研发与临床运用结合、全面推进与重点突破结合。做到人无我有,人有我优,出奇制胜,后来居上。

打好五大战略,实现五大突破:

——实施平台战略,在夯实技术基础上实现突破。

坚持高起点、大气魄、全方位,打造好四个平台:

一是打造好业务平台。门诊部设立了骨科门诊、专家门诊、急诊、治疗、抢救、中西药配方、针灸推拿、中药煎药等科室;住院部设立了骨一科(骨病)、骨二科(骨伤)、骨三科(筋伤)、康复科;功能科室设立了放射、检验(化验室、血液室、输血室、生化室)、心电B超、中心供应、手术室;院部设立了感染科、信息科、药剂科、预防保健科。

二是打造好技术设备平台。不惜血本，先后投入资金上千万元，分别购置了住院呼叫系统，核磁共振，DR、CR数字X光机，骨密度测定仪、心电图机，C臂，X光机，彩超等先进医疗技术设备，推动设备更新换代。

三是打造好技术信息平台。充分发挥互联网方便快捷的优势，及时追踪国内外医疗技术发展的最新动态，开展网上技术信息交流。

四是打造技术合作平台。先后与成都中医药大学、重庆医科大学等省内外医学院校建立了技术交流合作机制，采取互派人员学习、讲学、开展技术交流、典型病例通报会诊、参观考察和定期通报技术信息等方式，开展交流合作。

——打好特色战略，在发挥传统优势上实现突破。

秉承王氏骨科"一根针、一双手、一把草"的治病理念，对员工认真开展技术培训，进而在临床医疗中全面推广运用，并在实践中逐步发展完善为"把脉诊断术、针灸调理术、推拿按摩术、手法复位术、小夹板固定术、汤药内服外敷术"六位一体的骨科特色技术，以其简便易行、不做截肢手术、不

造成肢体残疾、费用低、痛苦少、疗效好的独特优势，大受患者欢迎。这在时兴做截肢手术、造成病人终身残疾、痛苦和高昂费用的当下，犹如沙漠中的一片绿洲、大山里的一泓清泉，给病人带来无限希望与生机。医院声名大振，病人常常爆满，连住院部的楼道上也挤满了病人。

——打好前沿战略，在推广运用先进技术上实现突破。

巧借他山之石，筑自己之高台。从2002年开始，在先后派人赴上海、广东、重庆、成都等地学习深造的基础上，2003年起，相继开展了四肢骨折内固定，颈、胸、腰骨折伴截瘫内固定减压，人工髋关节置换，先后天畸形矫正等高难度手术。2006年组建了骨三科即筋伤科，在全州医疗行业率先开展了断指（趾）再植微创手术，先后治愈了颈、胸、腰、髋骨骨折和先后天畸形患者上万人，治愈断指（趾）患者1500余人，深受广大患者的好评。冕宁县86岁的李婆婆胫骨粉碎性骨折，伴有心脏病，医院采用中西医结合进行植换手术，20天下床走路，创造了断肢再植的奇迹。

——打好科研转化战略，实现疑难病症治疗突破。

王文祥将自己过去的科研成果推广运用于临床医疗，在治疗骨髓炎、颅外伤植物人、高位截瘫、破皮外伤骨折等疑难病症方面，取得重大成效。西昌一工厂工人汤光美，上班不慎被机器撕扯脱断左手，手掌肌肉撕裂露出掌骨，多条肌腱断裂，尺动脉血管、尺神经断裂，血流不已，剧痛难忍。厂里急送州上一大医院治疗，医生认为挫毁和失血严重，无能为力，要求速转川医治疗，但西昌当天飞往成都的机票已全部售完，无法成行。当时王文祥正在机场接送客人。在此千钧一发之际，他一边随病人救护车火速回城，一边用电话通知医院做好手术准备，到院后立马进行手术：清创、接神经、接血管、修复肌腱、缝合伤口。经过两个半小时的紧张抢救，手术圆满成功。经50多天疗养，恢复良好，病人和厂方感激不尽。

——实施自主创新战略，在药剂研发生产上实现突破。

立足实际，率先在全州医疗机构中组建了中药制剂科，投入资金200余万元，集中精兵强将，自主研发和生产具有王氏骨科传统特色的骨伤中药制剂。先后研发生产了十种中药制剂。其中，栀黄通络散、

黄翘生肌涂剂、秦蛇祛风通络酒、茜膝活血去瘀酒及复方儿茶生肌油等，疗效独特显著，大受患者欢迎，被州医保局作为常用药品列入全州医保药物报销范围。其中七红活血胶囊、九味木瓜痛痹胶囊、苓归接骨胶囊扶正丸、苦荞托毒丸、芪七扶正丸等八种药品荣获了国家中医药管理局发明专利。

会当凌绝顶，一览众山小。三个结合、五大战略的实施，使王氏骨科的医疗技术脱胎换骨，跃上了新台阶，犹如半路杀出的一匹黑马，一路斩关夺隘，在全州全省众多公立、民营医疗机构中脱颖而出，令同行刮目相看。

2008年四川省中医药管理局领导来院视察，对医院中西结合，以中为主的特色技术给予了充分肯定，认为在全省树起了一面弘扬中医骨科传统医疗技术的旗帜。

道高不惧庙子小，酒好不畏路途遥。全国各地的患者不远千里，从四面八方蜂拥而来，包括其他公立大医院治不好的一些骨伤病人，也纷纷慕名来王氏骨科治疗，成为攀西医疗园地中一朵盛开的索玛花，格外鲜艳夺目，深受广大人民群众的厚爱，医院空前兴旺火爆，名气越来越大，社会、经济效益如同芝蔴开花——节节高。

　　这正是：

　　　　医技为纲苦登攀，五大战略勇争先。

　　　　弘扬特色展优势，独领风骚傲长天。

第七章　锻造名牌

第五节　管理强院

有诗为证：

　　管理是门大学问，驾轻就熟有几人？

　　乱麻一堆何着手？精心学会弹钢琴。

　　以人为本聚心神，五个强化铸金身。

　　越级上等奏凯旋，百尺竿头再攀升。

　　摆在王文祥面前的第五大系统工程是，如何坚持管理强院战略，打造一流的管理水平？

　　尽人皆知：管理就是效益，管理就是生产力。大到一个国家和地区，小到一支军队和一个乐队，都离不开管理。为何同样是创业，有的红红火火、兴旺发达，有的一败涂地，穷困潦倒？为何同样是乐队，有的演奏扣人心弦、引人入胜，有的演奏七零八乱、锣齐鼓不齐？一大重要原因就在于管理。

　　何谓管理？如何管理？王文祥开始一窍不通，吃尽了苦头。在办诊所和医院之初全是夫妻二人自己管理。但是随着医院规模的不断扩大和人员的不断增加，工作千头万绪，有的人浮于事，有的又无人去管。他俩每天从早到晚忙得拳打脚跌，却依然是乱麻一堆，杂乱无章，丈二和尚摸不着头脑，不知从何抓起？他在日记中这样写道："原先只知道办医院不懂技术要失败，现在才明白不懂管理照样要失败。"

为此他两赴清华大学深造，聘请管理专家来院举办讲座，四处外出考察取经，决心叩开管理知识的大门。经过潜心学习钻研，他才恍然大悟：治大国如烹小鲜，治之有道；管理如同驾车，驾之有法。核心是将有限的人力、财力、物力进行最佳组合，以实现成本最小化，效益最大化。如同核聚变效应，将化学原子裂变为无穷的核能量；如同高明的魔术师，将手中的道具变幻为令人眼花缭乱的神奇妙幻；又如同股票市场的操盘高手，将手中的股票变幻成千万倍的滚滚红利。

在此基础上，他运用毛主席"领导干部要学会弹钢琴的工作方法"，以五化管理为突破口，全力弹奏好医院管理这台大钢琴。

——实施职能化管理。他将党政机关的职能管理模式引入医院管理，报请州级有关部门批准，建

立健全了医院党群组织，形成了以党支部为核心，以行政办公室为主线，以工、青、妇、老群众组织为纽带的六位一体的职能管理机构，以此为左膀右臂和抓手，充分发挥各自的职能作用，使之既密切配合、协同作战，又各司其职、各负其责，共同做好职工的思想政治工作，使医院管理风生水起，生动活泼，井井有条。多次被评为州级机关先进党群组织。

——实施民主化管理。他将党的民主集中制原则运用到医院管理中来，成立了两个委员会：一是由职工代表参加，成立员工委员会，凡涉及员工切身利益的重大问题，均由员工委员会讨论决定，实行员工自己教育自己、自己管理自己、自己维护自身权益。二是由中层以上科室负责人参加，成立院务委员会，凡涉及医院管理发展的重大事项，均由院务委员会按照少数服从多数的原则，集体研究决定，变一言堂为群言堂，变个人说了算为大家说了算，变老板一人的积极性为员工共同的积极性，从而确保了管理决策的正确性，减少了工作失误。

——实施制度化管理。大力抓好规章制度的建设，坚持以制度管人管事。违者不论是谁，一律依规依纪严肃处理。制度规定，员工严禁参与打牌赌

博和酗酒，违者一律开除，但其两位亲属却置若罔闻，公开在办公室打牌赌博和抽烟酗酒，他以壮士断腕的气魄，痛下决心，严厉开除。从此无人再敢参与打牌赌博和抽烟酗酒。

——实施人文化管理。坚持以思想文化为导向，努力营造风清气正、团结和谐、生动活泼、勇创一流的医院文化。凡州市举行文体比赛都要组队参加；凡重大节假日，都要举办丰富多彩的文体活动。2006年州级机关举行体育比赛，他亲自带队，全部着正装、走正步、行军礼，以压倒一切的精神状态和整齐划一的军事化动作入场，令人耳目一新，赢得了全场雷鸣般的掌声；其他参赛队均给队员喝矿泉水，他亲自熬米汤加盐，给队员喝碘盐米汤，既止渴又补充营养，令其他参赛队羡慕不已，由此赢得比赛最高奖——道德风尚奖。每逢春节他都要亲自登台下厨，为员工表演节目和操办宴会。在外出野游活动中，他一边组织开展击鼓传花等喜闻乐见的文艺活动，一边在现场教大家辨认中草药，使大家玩得既开心快乐，又寓教于乐，学到了书本上学不到的知识，令人依依不舍，流连忘返。

——实施节约化管理。在人财物管理上，坚持精打细算、勤俭节约的原则，从不乱花一分钱，乱

扔一张纸。见到护理人员将骨折病人用过的木制小夹板当作废品扔掉，他从垃圾堆里一块一块地捡来洗净晒干，免费供贫困病人使用；医院购置办公桌凳，他只买铁木桌凳，不买沙发桌凳，认为铁木桌凳有利于预防和治疗腰椎病；上级下发的文件，凡末尾一页剩有空白的，他都要一一裁剪下来作写卡片和便条之用：本院制发的文件，他要求把公章盖在第一页的红头文字下方，认为最后一页用来盖章太浪费。

精诚所至，金石为开。原本杂乱无章的医院管理这台大钢琴，在他的精心弹奏下，演绎出了一曲曲扣人心弦的管理协奏曲，如同数学大师陈景润攻克世界级数学难题——哥德巴赫猜想一样，取得了1+1不等于2，而等于n倍的神奇效应，又如股市上的高级操盘手，操出如梦如幻的滚滚红利。医院的社会、经济效益如泸山望月——又大又圆，似邛海泛舟——水涨船高。2006年医院通过省州相关部门检查验收，正式晋级为国家二级乙等中医骨科专科医院。

这正是：

管理原本门外汉，勤学苦钻成内行。

五招弹好大钢琴，医院效益步步高。

第六节　精诚鼎院

有诗为证：

　　创业办医无捷径，忘命实干乃正神。

　　当今老板何其多，以身垂范有几人？

　　鞠躬尽瘁祛民疾，死而后已济苍生。

　　精诚鼎院报家国，一身正能耀乾坤。

　　摆在王文祥面前的第六大系统工程是：如何以身垂范，精诚鼎院，努力打造一流的精品工程？

　　千古铭训振聋发聩：打江山不易，坐江山更难；创业不易，守成更难。王氏骨科医院如何才能跳出这一历史怪圈，做到长盛不衰？

　　历史经验警钟长鸣：实干兴帮，空谈误国。人世间一切取决于实干，实干创造一切。王氏骨科走到今天靠的是实干，要打造一流的精品工程，依然要靠实干。离开实干，一切犹如空中楼阁，画饼充饥。

247

他把医院当作创业齐家、报国为民的平台，以全部心血和智慧，夜以继日，辛勤耕耘，鞠躬尽瘁，死而后已，直到生命的最后一息。

病人和员工们一说起王院长，都竖起大拇指从五个方面来夸赞他：

——治学狂人

他常说："要想在技术上永远立于不败之地，唯一捷径是学习、学习、再学习，舍此别无他路可走。毛主席说三天不学习，赶不上刘少奇。我一天不学习，技术就落后。"

他不论是在医院上班还是在外出差，不论是早晚休息时间还是节假日，也不论压力再大、工作再忙、再紧张劳累，一有空隙就争分夺秒，如饥似渴抢抓学习。成天几乎手不释卷，口不离背，脑不离思，心不离记，近乎痴迷疯狂。有时在吃饭或同别人说话时，嘴里仍不时背唸着书中的警句格言；在外出差途中不论是乘坐汽车、火车还是飞机，一入座就埋头死啃书本；晚上住在宾馆深夜两三点钟起来，用冷水擦擦脸就开始学习。真可谓是：

任尔东西南北风，咬定书山不放松。

老骥伏枥志千里，不到长城非英雄。

他以学习为发动机，以科研为推进器，以临床医疗为检验场，在理论与实践的结合上狠下功夫。再苦涩深奥的中医理论名著，他都要忘命钻研；再高深莫测的医学难题，他都要在书本中苦苦寻找答案；再棘手的疑难病例，他都要千方百计一一攻克；再尖端的医疗新技术，他都要抢先学习掌握。

业精于勤，技高于钻。经过数十年孜孜不倦地刻苦治学、科研和临床实践，使其医疗技术由必然王国进入了自由王国的境界，成为集六功于一身的中医骨科特色技术：按功（接骨按摩）、脉功（把脉诊断）、针功（针灸调理）、点功（点穴治疗）、药功（汤药内服外敷）、板功（木制小夹板固定），人称六大神功，享誉省州内外乃至国内外。先后多次在全国和省州学术会议、医学杂志上交流经验，得到了同行们的一致好评。

令人遗憾的是，因受学历文凭和外语的限制，1998年在职称评定中，他仅获评副主任医师职称。

——医疗奇人。

他不是一般化的繁忙，他是王氏骨科的第一大忙人。

他是医院的定海神针、镇院之宝，四面八方的病人大多奔他而来。他以家庭为营地，以医院为战场，以患者为上帝，以病魔为大敌，以治病救人为

使命，一穿上白大褂，就如同披挂上阵的战士，夜以继日，冲锋陷阵，顽强奋战。他平均每天要看30—40个门诊病人，要为3—5名住院危重症病人会诊治疗。每天早上一扎进医院，一直到晚上深更半夜才回家，工作时间长达十六七个小时，睡眠时间不足三、四个小时。此外坚持设立家庭病床，利用业余时间送医送药上门；在外出差总是出一路差，看一路病，人走到哪里，看病就到哪里。

他不是一般化的医疗，他是用心血和生命在医疗。

一般医生上班来人下班走人，他一年四季不看完病人不下班吃饭。每天上午要将上午的病人全部看完后，直到下午一点半至两点左右，别的医生已来上下午班时才回家吃午饭；下午要将下午的门诊病人和住院危重病人的治疗事项处理完后，直到傍晚七点左右，别的医生已来上夜班时，才回家吃晚饭。

一般医生对住院病人每天查房一次，且多是跑马观花；他认为骨科病人病情变化最大的是晚上，因此坚持每天查房两次，除早上查一次外，晚上还要再查一次。他查房细致入微，从病人的病情、思想及家庭情况到翻身擦澡、敷药换药、喂水喂饭、接屎接尿、小夹板松紧度的调节等等，都要详细了解和反复叮嘱，并亲自为病人按摩和扎针灸调理，因而住院病人都喜欢其查房，似乎经他轻轻一摸，病情立马好了许多。

一般医生一到深夜就见不到人，他坚持在深夜病人最需要医生的时候出现在病人面前。其家距住院部不过五十米远，每到凌晨二、三点钟，他在睡梦中一听到住院骨折病人的呼叫声，立马起床前往按摩理疗，待病人安然入睡后才离开，被病人戏称为三次查房。有的病人被惊醒后大感不解地问："王医生，你才走不久怎么又来啦，难道你通宵不睡觉呀？"他总是语重心长地回道："你们送来的是命啊，我不来怎么行呢？你们以命相托，我当以命相护。"

别的医生、护士都嫌农村山区彝族贫困病人脏臭，不愿为其服务。他耐心开导：他们都是我们的同胞父母和兄妹，哪有医生嫌父母和兄妹脏臭的？且处处以身为范，亲自为贫困病人包扎伤口、翻身擦澡、喂饭喂水、敷药换药和导屎导尿，不厌其烦地热情为之服务。

一般医生休息时间闭门谢客，概不看病，他是二十四小时全天候诊病，不论白天晚上，坚持有求必应，有病必看。2010年在其父亲病逝的头天，他与喜德县农村一彝族病人约好第二天上午为其看病，

大山民医

第七章 锻造名牌

可当天下午便接到了父亲去世的噩耗，但他仍然坚持在第二天上午为病人看完病后再走。对病人一诺千金，从不失信。

一般医生看病难免存在失误和病人不满意的情况，他看病几乎没有失误和病人不满意的。有人问他何以做到如此？他的回答是"魔高一尺，道高一丈。只要狠下苦功，做到心到、技到、功到、药到四到，就没有治不了的骨病，更没有不满意的病人。

他看病不是一般化的疗效，他是患者心目中化腐朽为神奇的在世医神华佗。

一记者曾在现场亲眼目睹其治病的场面：西昌四小女校长刘小燕患小关节紊乱，腰部疼痛无法行走，多处治疗无果，由人搀扶来院治疗，他采用点穴、按摩治疗，不到十分钟便自己走回学校；一员工父亲瘫痪在床，被家人用木板车推来医院，他采用点穴、按摩治疗，第一次手脚可动，第二次可坐起来吃饭，第三次便恢复正常，上街买菜；成都双流机场一空姐腰椎疼痛难耐，在成都各大院治疗半年多，花费上万元不见好转，他采用按摩、点穴和扎银针治疗，仅花60元钱痊愈；一住院骨折小孩，连续几天高烧不退，主治医生在无法之下拟办转院手续，他用银针为其十指放血，立马退烧；一车祸造成腰椎骨折的病人痛得大喊大叫，他用手点其相关穴位，病人立马休克过去，然后站在病人背上用脚猛踩其腰部，只听到"咔嚓"一声，立马复位。令记者眼界大开，连连赞叹："过去我只见过汽车大修师，今天又见识了人体大修师！"

不少被大医院宣布为无法医治的病人，在他这里起死回生；不少被确诊为必须做截肢手术的骨伤病人，在他这里不做手术、不截肢，不留残疾，完好如初；不少高位截瘫、骨头坏死的骨科疑难病人，在他这里奇迹般地站立起来；不少西医无法医治的骨髓炎患者和脑水肿植物人，在他这里奇迹般地重获新生。

中国日报社办公室主任的母亲76岁，肱骨粉碎性骨折，伴高血压症，在首都大医院治疗认为必须做手术，但告之有死亡危险不能做。后经人介绍，从北京专程乘飞机来西昌王氏骨科医院求其治疗，住院四月痊愈。

50多岁的重庆医科大学教授胡立珍，脚骨头坏死，无法行走，跑遍全国无法医治，经其治疗三月，坏死骨头开始生长新骨，可下地随处自由行走。

攀枝花市驾驶员何况平腰椎骨折瘫痪，省上某大医院诊断为永久性瘫痪，无法医治，经其治疗半

年痊愈。何专程到成都找到原主治医生说："你宣布我的腰椎为永久性瘫痪，无法医治，你看我现在不是完好如初了吗？"那位主治医生惊奇地问："是什么高人为你治好的？"他回道："是凉山一乡土医生为我治好的。"那位主治医生顿时面红耳赤，无地自容。何为此专门写了一首打油诗来称赞他："千年铁树开了花，万年枯树发了芽；瘫痪病人站起来，全靠王医生威力大。"

攀西地质大队一青年因父母离婚，对人生绝望，从宿舍楼四楼纵身跳下，造成全身瘫痪；四川武胜县一农民工，在云南建房工地高空坠下，致高位截瘫；西昌市川兴镇一王姓病人患静脉血栓，引发水肿，病情加剧，省上某大医院诊断为多发性骨囊肿和全身淋巴关节肿大。三位病人及其亲属均对治疗丧失了信心，抱着"死马当做活马医"的心态来求王文祥治疗。他鼓励说："尽管放心，可以治好。"他分别采用按摩、针灸和中药治疗，前两人治疗七月，下地自由行走；后一人治疗六月，可坐在床上吃饭，八个月后出院回家观察疗养，起初坐三轮车来治疗，随后自己赶公交车来治疗。

盐源县城关镇居民谢继富，因住房垮塌造成双上肢骨折、双下肢粉碎性骨折，右脚伤口化脓生蛆，

大山民医

第七章 锻造名牌

高烧不退，引发骨髓炎、败血症，省级大医院诊断为无法医治，他采用中医手法复位、配合中药验方治疗，半年痊愈出院，病人跪倒在其面前声泪俱下地说："王院长，你是我的再生父母呀！"

一党校女教师打篮球扭伤，致脚掌骨骨折，疼痛难忍，他从外地赶回，未来得及回医院带药，见其家门前种有一棵杜仲树，立马大喜："何须守着良药找良药，这不正是治疗骨伤的好药吗？"亲自爬上树去摘下一大把树叶，用铁碓窝砸碎为其清洗包扎伤口，每周换药一次，四周痊愈。

他为会东县一位病人开了一副治疗骨伤的中药泡酒，药效奇好，病人吃了几年舍不得倒掉，一直泡到没有药味了，专程从数百里外将药酒瓶子抱来医院，把药渣倒在其面前，求其再开一副。

——服务达人。

王文祥有一句口头禅：病人是医院的源泉，医院因病人而存在，没有病人就没有医院。病人是水，医院是舟，水可载舟，也可覆舟。他把病人当上帝当亲人，全心全意为病人服务。

王氏骨科医院的病人百分之七十以上是边远山区的贫困农民、下岗工人和城市平民，不少都存在生理与心理、经济与精神等多重创伤。王文祥一边

认真为其治病，一边热情帮助他们克服生活中的实际困难。

对思想绝望，悲观厌世，对治疗抱消极态度的，坚持身心同治，耐心做好思想疏导，使之克服破罐子破摔的思想，重树生活信心，积极配合治疗；对生活有困难、无钱治病的，在减免医疗费的同时，在生活上予以关心资助；对家庭关系不和的，积极从中劝解，使之重归于好；对误入歧途，沉迷赌博吸毒的，诚恳帮助其认清危害，改邪归正；针对彝族病人和外地病人较多的情况，坚持不懈地对员工进行民族团结的教育，在全院大力推广讲普通话和彝话的活动，以消除民族隔阂和语言障碍，更好地为患者服务。

西昌病人宋启华、丁洪清严重骨折，因无钱医治，被州上各大医院拒之门外，王文祥免费为二人进行治疗；病人雷德海住院8个多月，开支医药费2万余元，他实行全免，夫妻二人没有生活费，他安排其妻子在医院打扫卫生，每月按临时工付给其工资，以解决夫妻二人的生活费；冕宁县一住院病人，因经济困难与妻子闹矛盾，他一面为其免费治疗，一面热心做夫妻俩的工作，使其重归于好；一住院青年病人，过去长期沉迷于赌博，几近倾家荡产，他边为其治病边做耐心细致教育规劝工作，使之改邪归正，重新做人。

医院党支部书记、原州外贸公司经理金雷由此大发感慨：为何当今医患关系形同水火、矛盾纠纷频发，而在王院长这里医患关系却似水乳交融，情同手足？其根本原因就在于医院和医生是把治病救人放在第一位，还是把盈利赚钱放在第一位；是全心全意为病人服务，还是为人民币服务？如果都像王院长一样，把病人当上帝、当亲人，全心全意为病人服务，何来医患关系紧张！何愁矛盾纠纷高发！

他还有一句口头禅：员工是医院的本钱，医院因员工而存在，没有员工同样没有医院。员工稳定，医院兴盛；员工思走，医院衰败。他把员工当家人当兄妹，全心全意为员工服务。

凡员工结婚、生日、生病或遇到家中婚丧嫁娶，他都要前往祝贺、看望慰问，或亲自主持操办；凡员工生活中遇到矛盾闹思想情绪，他都要给予热情安慰鼓励，深入启发诱导，帮助化解矛盾情绪；凡员工在学习或工作中遇到疑难问题，他都要不厌其烦地耐心指导讲解，直到学懂弄通为止；凡员工在工作中遭受挫折或委屈，对其大发脾气和牢骚时，他总是以宽广的心胸厚德载物，大度包容，一笑了

之，从不对员工发脾气；凡员工家中遇到困难或天灾人祸，他都要慷慨解囊相助，少则数百元，多则上千元，全院员工几乎都得到过其资助；凡医院群团组织开展活动，他都要积极提供人财物支持，并亲自带头参加。在其生命垂危之时，还抱病最后一次参加了院老协组织的街头义诊活动。

医院护理部主任刘霞说："王院长在我们心目中早已超越了老板和领导的形象，而是父辈和长兄的形象。每当我们在工作生活中遇到巨大压力和矛盾困难，想打退堂鼓的时候，都是他的热心鼓励与支持使我们咬紧牙关，坚定信心，坚持一路走来，没有他就没有我们的今天。"

——院务超人

他是老板但又不像老板；他不是管理员和勤杂工却更胜于管理员和勤杂工。哪里危重他哪里上，哪里紧急他哪里干，处处事必躬亲，时时冲锋在前。

医院新搬迁之初，院内砖头泥石等建筑垃圾堆积如山；地下管道横七竖八，乱堆乱放；满地大包深坑，凹凸不平，一片狼藉。因为经费紧张，他亲自带领员工每天下午五至七点，加班奋战两个小时，自行清理搬运垃圾，安装地下管道，平整地面和铺设水泥。前后用了近三个月时间，才全部搬运清理和安装平整完毕。

住院部因人满为患，地下水管道半夜三更经常堵塞，他只身跳入粪池亲自疏通；院里新购置的医疗设备运到医院，他亲自带人搬运和安装；医院伙食团缺少蔬菜，他利用休息时间，带领医生及家人在院内空地上担肥种菜。医务人员新手多，业务不熟，他亲自办培训讲座，常年登台授课，没有教具和标本，自己动手制作；员工没有学习用书，他去成都出差时，亲自到新华书店买好后背回来免费分发给大家。

——节俭怪人

他把对病人对员工对事业的挚爱与奉献发挥到最大限度，把个人的生活享受压缩到最低限度。尽管时代和生活条件变了，但他始终保持劳动人民勤劳节俭、艰苦朴素的传统作风不变，被员工称之为与当今风气格格不入的"怪人"。

他身上穿的始终是一套穿了多年的旧衣服和一双补了又补的旧皮鞋；到城区周围及下乡治病，始终是一辆自行车来去；在外出差除个别特殊情况外，始终是乘火车往返，随身始终是一本医书和一瓶矿泉水，用餐始终是一盒方便面。

有人劝他说："你辛苦劳累了大半辈子，现在家大业大了，为何不好好享受而苦苦苛刻自己？"

他侃侃笑答："医院收入一保员工工资，二保正常运转，三保永续发展，为更多的百姓治病。我的人生信条是像雷锋一样：在事业上永远向高标准看齐，在生活上永远向低标准看齐。"

榜样的力量是无穷的。

他就像一个能量巨大的磁场，把员工和病人紧紧凝聚在一起，给人以巨大鼓舞和鞭策；他又如一头奶牛，吃的是草，挤出来的是奶；他更似一根万能输血管，源源不断地把自己的血液输给病人，输给员工和社会。

医院药剂科科长、原喜德县医院院长李开平深情地说："王院长对党对人民忠心耿耿，对事业至恭至敬，对病人至亲至善，对员工至诚至爱，对工作尽职尽责，对技术精益求精，对服务尽善尽美。他是院长和老板，但丝毫没有院长和老板的派头；他是骨科名医，但丝毫没有名医的架子。在病人心中，他是无冕医神；在员工心中，他是最可亲敬的人。"

原解放军301医院护士、王氏骨科医院总护士长王芳，满含热泪地说："像王院长这样的人，当今打着灯笼火把也难找。现在时兴偶像和明星，王院长就是我们员工心目中的偶像和明星。论待遇，王氏骨科的待遇并不比别的医院高，省上有的大医院曾高薪聘请过我，但我就是不走。人不只是为金钱而活，更为实现人生的理想、价值与意义而活。在这里我找到了人生的理想和归宿，活出了生命的价值与意义。此生能与王院长一道共事，是我的荣幸，我无怨无悔！"

这正是：

牢记使命苦奋战，至精至诚死鼎院。

鞠躬尽瘁报家国，死而后已济江天。

第八章

日丽中天

艰难困苦，玉汝于成。王氏骨科从创办诊所、租房办院、自建院舍到苦练内功、凤凰涅槃，锻造名牌，终于由一株弱不禁风的纤纤幼苗，一步步成长为参天大树，破天荒地冲出凉山，进军成都，走向巅峰，走向辉煌。真可谓是：

　　白手起家办医业，历尽磨难成大器。

　　树高千丈不忘本，日丽中天重抖擞。

第一节　挺进成都

有诗为证：

　　巧抓机遇谋跨越，挺进成都求发展。

　　民主决策引风波，各持己见难决断。

　　华山论剑谈利弊，众口一词出凉山。

　　蓉城医苑添新花，谁说鸡毛不上天？

　　光阴似箭，岁月如歌。从2002年到2006年，四年摸爬滚打，四年苦心经营，四年养精蓄锐，王氏骨科医院形成了从特色办院到人才团队建设、医德医风建设、技术建设和医院管理五位一体的完整体系，使医院的发展步入了快车道，病人门诊率和住院率稳步上升，社会、经济效益和影响力大幅提高。

　　此时，两个新的发展机遇骤然降临：

　　一是省上某大医院大门对面有一片新建的商业楼盘，均价为6000元一平方米，他对此非常感兴趣，打算向银行贷款买一部分用作新建西昌王氏骨科医院成都分院。

二是他的一位病友在成都西南面的玉林片区投资开办了成都康华医院，因不懂医学，也无暇管理，拟以200万元的原价转让给他经营。

王文祥感到：发展重在机遇，机遇稍纵即逝。但两个发展机遇同时取决于一大前提：走出凉山、打入成都。

这是事关医院发展全局的重大战略决策，王文祥决定提交院务委员会讨论研究。院务委员会先后讨论研究了多次，均为两种截然相反的意见，双方各执一词，争得面红耳赤，甚至拍桌子、打板凳，互不相让。

持反对意见的一方认为：医院经过短短数年的休养生息，刚刚步入正轨，羽翼未丰，需要稳扎稳打，以稳求胜，切不可见异思迁，盲目乱开口子、乱铺摊子，否则一失足成千古恨。一句话：只宜吃补药而不宜吃打药，否则是赔了夫人又折兵，自己拖垮自己。

以王文祥为首的持赞成意见的一方认为，条条道路通罗马，稳扎稳打、步步为营是一条，借船下海、借鸡生蛋，背靠大都市，实现弯道超车、跨越发展又是一条，而且是前景广阔、利多弊少的一条。

大山民医

第八章
日丽中天

265

理由有四：

其一，认为这是王氏骨科挺进成都、实现跨越发展的重大机遇，机不可失，失不再来，坐失良机将抱憾终生。

其二，成都是全省和西南地区政治、经济、文化的中心，医疗资源丰富，发展前景广阔，条件得天独厚。

其三，发展均有风险，但唯有抢抓机遇，勇于创新，加快发展，方能化弊为利，化险为夷；四平八稳，固步自封，不求进取，死守摊子，最后则全是风险。

其四，人生要有梦想。创业办医本身就是一个不断产生梦想、实现梦想的过程。无论干什么事都要敢想敢干，只有想得到，才能办得到，王氏骨科创业办医走到今天不就是这样闯过来的吗？如果连想都不敢想，何谈创大业、铸辉煌？

经过王文祥会上会下，反复深入做思想工作，最后终于说服大家：走出凉山，进军成都。并决定组成考察组，由其带队前往成都考察选址。

他们在实地考察和反复权衡利弊的基础上，力主在省上一大医院对面选址。结果在院务委员会讨论时，再次出现了意见相左的局面。多数人认为：

康华医院属病友转手，价格合理，投入不大，且场地、人员现成，为何不选？反而选大医院对面价格高、投资大，且尚未装修的毛坯房为院址？这家大医院是四川乃至西南地区医疗行业的龙头老大，在其对面办医院，且不是耗子遇到猫，明摆着找死吗？

他伶牙俐齿，据理力争："当兵就要争当将军，当运动员就要争当冠军，创业办医就要争创一流。我们之所以选址在大医院对面，目的就是冲着这个龙头老大来的。这不是天方夜谭，也不是夜郎自大，这是我们做人做事，创业办医必须具有的底气和雄心壮志。这家医院当然厉害，在全国医疗行业都可以排在前几把交椅。但其优势是西医，而不是中医。就其西医骨科而言，其方法无非是开刀、做手术、截肢、打石膏、牵引这一套，费用高、疗效差、造成病人痛苦、终生残疾，这是老百姓最不欢迎的。而这恰好正是我们应用中医传统正骨方法，配以按摩、点穴、针灸、小夹板固定和汤药内服外敷治疗，费用低、痛苦少、疗效好、不截肢、不造成残疾，最受老百姓欢迎的特色优势。所以要竞争就要敢于与龙头老大竞争，他打他的现代化，我打我的特色化。试问：如果我们把龙头老大都比下去了，何愁病人不蜂拥而来？何愁王氏骨科不兴旺发达？因此

何乐而不在其对面建院呢？至于投资问题，可争取银行贷款解决。"一席话说得大伙脑洞大开，心悦诚服，纷纷表示同意。

后来因该房产地处黄金开发地段，价格直线上涨，每平方由原来的五六千元陡涨至上万元，且由零售改为整体出售，总价上亿元，因无力承受只好忍痛作罢。最后仍以200万元转让价格接收玉林片区的康华医院，实行分期支付。随即针对大都市康复医疗服务的短板，将其业务职能由医疗为主改为康复治疗为主，以特扬长，出奇制胜。

王氏骨科医业的发展，由此迈出了历史性的第四步——走出凉山，打入成都。

成都自古为古蜀国和三国时代的蜀国首都，历史文化悠久，风景秀丽、物产丰茂，织锦和芙蓉兴盛，素以天府之国、锦官城、芙蓉城著称于世。地处祖国大西南和成都平原的战略腹地，为四川省府和西南地区的历史、文化名城。

康华医院地处成都西南面的玉林片区，建筑面积4700平方米，病床80余张，医护人员70余人，院长为王文祥的公子王飞。

医院在做好机构、人员调整和业务技术培训的基础上，于2006年3月正式挂牌开业，利用原有场地、设备和人员，热炒热卖。

为加强对医护人员的康复业务技术培训，王文祥坚持每周五至星期天从西昌到成都往返培训指导一次，直到2008年其患病为止，前后达三年之久，风雨无阻，雷打不动。

医院经过短暂的沉寂之后，异军突起，声名远扬，在成都医疗康复领域占据了一席之地，深受患者欢迎，社会、经济效益和影响力稳步提升，犹如大凉山盛开在川西平原的一枝鲜艳靓丽的索玛花，格外引人夺目。它与西昌王氏骨科医院一道，犹如齐头并进的两驾马车，各展其长，各领风骚。

成都康华医院之后的发展证明，这一决策是正确超前而具有远见卓识的。

2007年，王氏骨科医业在西昌王氏骨科医院和成都康华医院的基础上，正式注册升级为王氏骨科医疗集团公司。王文祥为董事长，文丽萍为总经理。

王氏骨科医业的发展，由此迈出了的历史性的第五步——实施集团化发展。

历史的发展有着惊人的相似与不同。四十年前，他徒步串联抵达成都，四十年后他创业办医挺进成都。其间所折射出的是：一个农家子弟从社会底层一步步走向巅峰与辉煌的传奇之路。真可谓：三十

第八章 日丽中天

年河东，四十年河西，哈哈，成都又成了王文祥创业征战的新天地。

这正是：

　　巧抓机遇勇决断，雄心勃勃出凉山。

　　挺进成都谋发展，王氏医业谱新篇。

第二节　走向辉煌

有诗为证：

> 呕心沥血十七载，浴火重生铸金刚。
>
> 忘命实干加天时，幼苗参天成大梁。
>
> 昌蓉两院比翼飞，硕果累累创辉煌。
>
> 德高医精人人夸，殊至名归誉冲霄。

烈火铸金刚，雄心创伟业；艰难困苦，玉汝于成。从1995年到2011年，十七载创业办医，放飞梦想；十七载呕心沥血，披荆斩棘；十七载中流击水，浪遏飞舟，王氏骨科医业终于从创办诊所开始，白手起家，徒手打拼，一步一个脚印，不断做大做强，在众多民营医院中脱颖而出，走向巅峰。像一株纤纤欲折的幼苗，沫雨经风，生长成了参天大树；似一个呱呱落地、步履蹒跚的婴儿，成长为风华正茂的英俊青年；如喷薄而出，冉冉升起的一轮红日，光焰万丈，日丽中天。

2011年初，西昌王氏骨科医院建筑面积5300平方米、地上地下共计十三层的综合医疗大楼正式动工兴建。王氏骨科医业集团至此下辖西昌和成都两个医院，共有员工300余人，其中医疗技术人员近200人，医院占地面积14116平方米，住院病床360余张，发展成为攀西地区人才荟萃、科室齐全、设备先进，功能完善、管理一流，独具特色的中医骨科专科医院，2010年病人门诊量和住院量分别29175人次和3950人次。据不完全统计，十五年中共治愈骨伤患者达30余万人次。其中治愈骨髓炎、高位截瘫病人、断趾（指）再植和脑坏死植物人等疑难病症患者3万人次。赢得了党委、政府和广大人民群众的广泛赞誉，荣获众多先进称号：2006年被评为全国十佳重点中医骨科专科医院，2008年被评为省、州5·12汶川抗震救灾先进集体，2009年被选为四川省民营医疗机构常务理事单位，先后多次被评为全省民营医疗机构先进集体、凉山州先进基层党组织、精神文明建设、体育运动医疗、扶贫助残先进单位和消费者信得过单位，荣获诸多表彰奖励。

王文祥个人殊至名归，获得了众多荣誉称号：中央组织部颁发的汶川抗震救灾特殊党费证、香港国际医学院特聘教授、四川十大名中医入围人选、四川省优秀名中医专家、四川省优秀老科技工作者、四川省民营医疗协会常务理事、四川省司法鉴定专家库成员、凉山州优秀共产党员、凉山州政协委员。2009年被评为"感动凉山"十大新闻人物，颁奖词对其的评价是：

"在他眼里，患者只有病情轻重缓急之分，而没有高低贵贱之别。他慷慨大度，为家庭贫困患者减免医疗费用上百万元；他情系灾区，在汶川大地震当晚组织全国唯一一支民营医疗队奔赴灾区，奋战八天八夜，救治伤员800余名；他妙手仁心，救死扶伤无数，誉满大凉山，名扬海内外。在群众心目中，他是最好的骨科医生。"

对王文祥而言，感受最深的不是成功和赞誉，而是四大人生体会：

——理想信念是旗帜。这是一个人，一个民族，乃至一个国家兴旺发达的希望所在，任何时候都不能丢。

——奋斗是成功之母。人生要靠奋斗，世界上的一切都要靠奋斗，生命的意义和价值全在于奋斗！

——成就来自于党和人民的信赖与支持，当永远感恩党和人民。

——生命与事业同在。生命短暂，事业长存，

273

即使自己为医学事业而倒下也不后悔，因为短暂的生命将在永恒的医学事业中得到延续和永生。

这正是：

梦魂医学数十载，筚路蓝缕创辉煌。

德医双馨民拥赞，救死扶伤写华章。

第三节　回报社会

有诗为证：

儿行千里心念家，树高千丈叶馈根。

汶川抗震献大爱，区县振灾济苍生。

情系扶贫解危困，投身公益报芳春。

悬壶济世施善举，丹心耿耿写赤诚。

大厦巍然，感恩根基；百川奔流，回报大海。

王文祥如今可谓是功成名就，光环耀眼，理当为之高兴与自豪，他却陷入了深深的沉思。

抚今追昔，他感慨万千：国家有今天，王氏家族有今天，自己有今天，全靠党的英明领导。没有党的英明领导，何以推翻旧世界，建立新中国？何以改革腾飞，笑傲世界？没有党的英明领导，何来王家之兴盛？何来自己创业办医之成功？

环顾而今，他知恩图报：吃水不忘挖井人，先富不忘帮后富；一花独放不是春，万紫千红春满园。

自己创业之成功来自于时代和人民，来自于社会，理当回报于时代和人民，回馈于社会。

心系汶川大地震，积极参与抗震抢险。2008年"5·12"汶川大地震，王文祥在第一时间组织全院党员交特殊党费10750元，组织全院员工捐款16000元，其中他个人就交特殊党费10000元，全部捐献灾区。同时连夜派出应急医疗小分队，自带车辆和价值2万余元的医药用品奔赴汶川县漩口镇开展救助，在地震灾区树起了全国唯一一面民营医疗队的抢险旗帜。前后紧张奋战8天时间，共救治受伤群众800余人，其中转诊危重伤员23人，喷洒防疫药水5平方公里，为200余名伤员做了小夹板固定处理。医院和他本人分别荣获省、州抗震救灾先进集体和先进个人荣誉称号，受到表彰。

心系特困病人，积极开展医疗救助。从1998年办院到2010年的十余年中，共计为贫困病人减免医疗收费160余万元，使数以千计的贫困患者恢复健康，重新点燃了生活的希望。盐源县一位患慢性骨髓炎的特困病人住院两年多，医药费、床铺费达5万余元，全部免收。雷波县两位贫困患者住院一年多，费用3万余元全免。出院无路费回家，王文祥掏腰包为其买车票返家。家住西昌市礼州镇边远山区的一位彝族病人，出院时行走不便，他亲自带人带车将其护送到镇上，然后又用担架抬着翻山越岭走了10多里山路，将其送回大山里的家中，来回往返用了近一天时间。

心系受灾群众，积极支援抗灾救灾。越西、盐源、美姑等县先后遭受洪水、泥石流灾害，数万彝汉群众受灾。他在第一时间派人派车，送钱送物，先后向受灾群众送去医药用品、粮食、棉被、帐篷、衣服等救灾物资，累计达数十万元。其生前有一未了心愿：为越西县河东乡联新村老家的村民修建几公里的水泥路面。2013年，其爱人文丽萍特地捐资20万元，修建了通村水泥公路，为其圆了这一生前夙愿。

心系公益事业，积极参与社会公益活动。1998年以来，组织医务人员上街下乡，先后开展了"关爱老年人"、"牵手残疾人"、"走进奥运会"、"预防艾滋病"、"远离毒品"等30余次大型义诊和医疗宣传教育活动，共出动医务人员500余人次，义诊病人2万余人次；先后为全国女子摔跤冠军赛、全省网球赛、老年柔球赛、州三运会等20余场全国和省、州体育赛事提供了全程义务医疗保障服务；义务出资20万元，开展了"情系残疾人、妙手献医技"的残

疾人手脚指（趾）专项矫正活动，为全州100余名残疾人手脚多指（趾）、爪状手患者免费进行了切除矫正手术。

心系贫困群众，积极开展扶危济困活动。按照州上统一安排，积极参与百乡教育扶贫活动，踊跃送钱送物，长期定点帮扶美姑县巴普镇的贫困学生，被评为全州百乡教育扶贫先进单位。

拳拳爱心，日月可鉴。真可谓是：四处扶危，八方济困，屡屡善举，如同绵绵春雨，满载深情厚谊，不断洒向人民，洒向社会，情重如山，大爱无疆！

这正是：

滴水之恩涌泉报，心怀大爱济苍生。

四处扶危施善举，千里凉山写忠诚。

第四节　大志雄心

有诗为证：

　　老骥伏枥气如虹，志在九霄傲长空。

　　拟进北京创伟业，弘扬国粹展雄风。

　　领军挂帅勇攻关，誓克癌魔攀医峰。

　　出师未捷身先死，精神长存天地中。

老骥伏枥，志在千里；烈士暮年，壮心不已。

干大事业的人的脚步是永远向前的。当人们还在津津乐道王文祥创业办医的神话时，他已把眼光放在两大惊天奋斗目标上：

一是挺进北京，在北京办医办学。

北京是伟大祖国的首都和心脏，是王文祥心目中的圣地，到北京发展，是他一生最大的梦想和夙愿；中医是中华民族的国医国粹，由于西医的风靡和冲击，中医的挖掘和发展远未达到历史最好水平，中华民族的复兴离不开中医的复兴。因而走出四川、

走向北京，在首都办医办学，对于实现自己的远大梦想，弘扬中华民族的传统医学，培养更多的优秀中医人才，为更多更广大的人民群众治病，其意义和影响更为重大深远。

2007年至2009年，他先后三次风尘仆仆地上北京考察了解情况，打算先在北京开办医院，待条件成熟时再开办中医院校，培养中医药人才。但先后跑了不少地点选址，都因房价过于昂贵，一时无法承受，加之未能选到满意的院址，只好暂时作罢，拟在适当时候再行前往考察定夺。

二是向癌症和艾滋病两大世界绝症发起攻击。

目睹癌症与艾滋病两大病魔疯狂肆虐的残酷现实，上至党和国家领导人，下至普通老百姓，近至身边亲朋好友，一个个被残酷地夺去生命，全世界每年数以百万、千万计的人死于癌症和艾滋病。人们一提起癌症和艾滋病，无不谈虎色变。身为生命的天使，堂堂男儿大丈夫，面对凶残无情的病魔，岂能坐视无睹，置之度外？

2009年，他调集全院精兵强将，组建了癌症和艾滋病两个科研攻关小组，自任组长，亲自领军挂帅，拟采用中草药探索攻克两大绝症的新路子，雄心勃勃地向两大绝症发起冲击。目标是：五年内攻克艾滋病，十年内攻克癌症。

攻克癌症和艾滋病，其难度不亚于九天揽月，五洋捉鳖，星飞太空，谈何容易？人类攻研了几十年，迄今折戟沙场，无人问鼎。区区一个名不经传的民营医院、区区一个普通的骨科医生，居然梦想采用中医方法攻克两大绝症，这岂不是癞蛤蟆登天，狂犬吠日，自不量力？大错特错！君不见，自古以来，从社会变革、生产发展、经济建设到科学技术的发明创造，有多少是所谓的救世主和大人物所为？可以说，其中不少都是像王文祥这样的小人物创造发明的。伟大出平凡，高手在民间，发明创造的伟力在于人民。"人民，只有人民，才是创造世界历史的动力。"

非常令人遗憾和痛心的是，这一宏伟目标确定后不久，他同样因身患绝症而不幸与世长辞，致使这一雄心壮志出师受挫，胎死腹中，成了他永远无法完成的攻关课题，成了残忍悲壮的生命之殇。真可谓是："出师未捷身先死，常使英雄泪满襟。"

假如王文祥现在依然活着，殊不知他能否将这两大攻关课题一以贯之地坚持到底？也不知他能否如期问鼎这两大宏伟目标，成功摘取世界医学皇冠上的这两枚绝顶勋章？但是，仅凭他敢于向世界绝

大
山
民
医

第
八
章

日
丽
中
天

281

症发起冲击和叫板的胆识、气魄、精神和英雄壮举，就足以惊天地而泣鬼神，令人肃然起敬！

这正是：

莫道绝症多猖狂，誓斩元凶祭父兄。

壮志未酬身西去，感天动地真英雄。

第
九
章

至
爱
家
庭

天地合一谓之自然，男女合一谓之家庭。

家庭是人类生息繁衍的根基，是国家和社会的细胞，是男人打拼创业、闯荡天下的港湾。没有太阳和蓝天，自然界将陷入黑暗的深渊；没有家庭，男人就是永无归宿的游子，家庭就是男人的太阳与蓝天。

文祥的家庭是不幸的，但又是不幸中之大幸。两任妻子，一双儿女，情同手足，至臻至爱，亲密无间，共同将他推上了事业的巅峰，伴他走向了人生的辉煌。

真可谓是：

家庭塌陷半边天，月佬牵线梦重圆。

巾帼两强共接力，鼎力文祥写华天。

第一节　大寨情缘

有诗为证：

　　从医治病数十载，佳话美谈浩如烟。

　　大寨行医结良缘，双双励志出乡关。

　　各在东西比翼飞，牛郎织女共婵娟。

　　爱妻不幸西天去，阴阳永隔杳无边。

　　可叹生死古难全，中年丧偶悲何堪！

　　王文祥一生从医治病，留下了许多美好感人的故事，大寨情缘就是其中的重要一段。

　　1968年，越西县新民公社大寨大队妇女范天珍阴道红崩，昏死过去，送县医院住院治疗，被宣布为无法医治，随即下了病危通知。其家人在无可奈何之下只好将病人抬回家去。范氏时年40岁，家中有五个孩子，大多年幼无知，大女儿袁宇莲年仅15岁。

　　男儿有泪不轻弹。其丈夫袁应祥无奈地看着昏

迷不醒的妻子和五个不停哭喊妈妈的孩子，不禁双泪横流，痛哭失声。可叫天不应，叫地不灵，只好听天由命。

天无绝人之路。忽听前来看望的村里人讲："河东公社联新大队出了一个姓王的小神医，治病如神，一看就灵。"于是袁应祥抱着死马当着活马医的一线希望，立马赶着马车专程来到10余里外的联新大队接王文祥前往诊治。

王文祥到其家中时，范氏已奄奄一息，不省人事，鲜血顺着大腿往下直流，他当即用针灸扎其血海、三阴交等穴位，同时在水沟边扯草药为其煎服，随即止住了流血，恢复了神志，当晚便喝了半碗稀饭。

此后，他又先后多次徒步往返大寨为其治疗。在袁家除为范氏治病外，还积极帮助干农活和做家务。范氏身体痊愈后，全家对他感激不尽。一天，范氏问他："小王，你找对象没有？"他羞怯而答："给我介绍对象的不少，但由于自己家庭成分不好，父亲被划为黑五类份子，人家都不同意。"范说："没关系，我帮你介绍。"范氏先后介绍了两三个，他均不满意。一天范氏突然直截了当地对他说道："你觉得我大女儿袁宇莲怎么样？"其大女儿人才漂

285

亮，聪明能干，能说会道，同年入党，担任大队女民兵排长。王文祥早就对其深有好感，只是羞于开口而已，于是正中下怀，当即满口答应。

王文祥后来听人讲，其实袁宇莲在此之前就同河东大队青年耿学安订过婚。耿勤劳朴实，到袁家积极干农活、编背篓、做家务、上山砍伐木料，为袁家做了不少事。后来袁家在权衡之下，觉得王文祥有文化，又懂医术，有一技之长，比耿发展前途大，转而与耿家退婚，与其订婚。尽管他是事后才知道，但内心对耿一直深感内疚。

袁宇莲未上过学，没有文化，可双方父母均盼望他俩早日完婚，王文祥家里已为其准备了结婚的新房，而王文祥是一个胸怀远大理想和雄心抱负的人，决心轰轰烈烈地干一番事业，活出个人模人样来，不枉为人一世，不愿草草结婚拴在农村，就此庸庸碌碌虚度一生。

1972年他终于如愿以偿，成功进入了凉山共大学习。

假期他回到越西老家探亲，袁家担心其远走高飞而变心，故再次催其结婚。

一天，袁宇莲来王文祥家里玩，他带着袁到通往县城的公路边散步，见到几位打扮时髦的县级机关青年干部，骑着自行车神采飞扬、欢歌笑语地从他俩身旁飞驰而去。王文祥随口问宇莲："你羡不羡慕？"宇莲说："做梦都羡慕，只是好比老和尚梦见拜堂，今生不可再来。"他趁机开导说："事在人为，世界上一些表面上看似不可能的事情，只要坚持不懈，锲而不舍地去努力争取，都会变为可能。华罗庚初中未毕业，后来成了大数学家。爱迪生仅读过几天书就辍学，老师说他是先天性蠢儿，不让其上学，后来成了世界著名的大发明家，火车、蒸汽机、留声机、收音机都是他发明的。红军在江西遭受了第四、第五次反围剿斗争的失败，被逼上长征路，从三十多万人一下减少到三万人，直到遵义会议后在毛主席的英明领导下不断发展壮大，经过八年抗战和三年解放战争，打败了日本帝国主义，推翻了国民党蒋介石的反动统治，最终夺取天下，建立了新中国。这些都是从不可能到可能的最好例证。事实证明：只要认准目标，不畏艰难困苦，坚持不懈奋斗，置之死地而后生，人生命运是完全可以改变的。"

王文祥接着又以其二爸为例进一步开导说："你二爸袁正先，50年代初入党，参加革命工作，现任拥有1000多人的凉山州西山煤矿党委副书记兼矿

长，闻名遐迩，众人景仰，而你父亲一辈子在农村脸朝黄土背朝天，辛辛苦苦修地球，到头来还不就是个目不识丁的庄稼汉。其命运天壤之别，一个似雄鹰在天上展翅高飞，一个如癞蛤蟆在地上艰难爬行。我俩如果现在就结婚，最吃亏的自然是你，结婚后有了小孩，你就永远失去了出去工作的机会，一辈子当农村妇女，我每年顶多回家探亲两次，平常的农活、家务活和带娃娃，全靠你一人承担，因此我不忍心把你一人丢在农村。"

袁宇莲被王文祥的一席话深深打动，如梦方醒，爽朗地说道："我听你的，你怎么说，我就怎么办。"于是他说："我来辅导你，你下决心自学文化，争取上学读书，跳出农门。王文祥在充分做好思想工作的基础上，为其精心制定了周密的学习计划，手把手地认真进行辅导，袁宇莲则按照计划要求，以非凡的毅力，全副身心地投入学习。每天坚持早晚7—10点各学三个小时，一年四季持之以恒，雷打不动，从不间断，三年时间便将小学至初中的语文课程全部学完。

1975年凉山卫校进行最后一次推荐招生，袁宇莲参加了越西县招生录取的文化考试，破天荒地考了全县第一名。当时不少人认为，袁宇莲连学都没有上过一天，居然考了第一名，天方夜谭，绝对是弄虚作假、开后门。于是直接写信告到州教育局，州上派人专程来越西复查，单独出题，重新对其进行复考，结果成绩比第一次考试还高两分。县委常委、宣传部长、南下干部张万明理直气壮地当面痛斥告状人：“你们说人家没有上过学，但人家的成绩是铁板上钉钉子，硬斗硬。考卷在这里，不信自己拿去看。什么是资格？成绩就是资格！什么叫标准？分数就是标准！”顿时说得告状人面红耳赤，哑口无言，灰溜溜而去。

经过一场考试风波，袁宇莲被正式录取到凉山卫校助产士班学习，消息传出，不少人为之惊愕，一时被传为奇谈。

袁宇莲怀着激动的心情给王文祥写信说：“我能实现上学读书的愿望，全靠你耐心开导与精心辅导，否则就没有我的今天。吃水不忘挖井人。我这辈子生是你的人，死是你的鬼！你当官我就为你当书童，你当叫花子我就给你背草帘子。”字里行间，言辞切切，情深意长，令王文祥感动万分。

袁宇莲在卫校学习了两年，担任班长、学校党支部副书记，协助管理几个班的行政工作。她性格直率，办事公道，工作大胆泼辣，一些老师处理不

了的矛盾纠纷，她三下五去二就顺利摆平，深受师生好评，被评为三好学生、优秀班干部。

卫校毕业后，袁宇莲被分回越西县河东公社卫生院当医生，因工作出色，先后被提拔担任河东公社和城关区卫生院院长，多次被评为省、州、县卫生系统先进工作者，参加表彰大会并作大会发言。

1979年元旦，王文祥与袁宇莲在凉山卫校正式结婚。1980年3月，儿子王飞出生。婚后夫妻长期分居两地，王文祥在凉山卫校，袁宇莲带着孩子在越西，一直过着牛郎织女般的生活。

天有不测风云，人有旦夕祸福。1984年袁宇莲患病到越西县医院治疗，诊断为肝炎，后转院至西昌凉山州第一人民医院治疗，病情仍不见好转。后因医治无效，于1985年9月不幸去世，时年32岁，儿子王飞年仅5岁。

袁宇莲在遗嘱中深情难舍地含泪写道"文祥：我是多么的留念我们夫妻共同生活的难忘岁月啊，想不到今成永别。我性情急躁，脾气不好，平常对你态度生硬，经常吼你嚷你，真心地向你道一声对不起。我是个连自己名字都写不起的文盲，如今能成为一名中级医疗技术人员，一切都是你耐心指教和帮助的结果。为了我，你不知花费了多少心血汗水；为了我，你不知失去了多少大学深造的机会；为了我，你一人带着小孩不知吃了多少苦头。我家庭贫寒，父母多病，弟妹年幼无知，双亲先后在省大医院治疗，死于成都，都是你亲自照顾和操办。在我父母心里，你比他们的亲儿子还要亲，袁家人永世不忘。我住院一年多，你照顾我体贴入微，我今生难以报答，就让儿子来代我完成吧！如有适合的对象，希望你再找一个，只要每年带着儿子上山来给我看看，我在九泉之下也就心满意足了。"

袁宇莲的死因，医院起初诊断为肝炎，而死亡通知书上写的却是肝癌，可木已成舟，可奈其何哉！

丈夫与妻子、儿子与母亲，从此阴阳相隔，天人两茫茫，唯有泪千行。

这正是：

　　医结良缘成佳偶，潜心治学出乡关。

　　一病不起归西去，家梦残破夫儿惨。

第二节　月圆西昌

有诗为证：

家庭塌陷半片天，可怜夫儿留世间。

人海茫茫路漫漫，天涯芳草在何边？

踏破铁鞋无觅处，婷婷玉立在眼前。

好事多磨成佳偶，苦尽甘来家重圆。

家是男人闯荡天下的港湾，打拼创业的坚强后院，长途驰奔的驿所和加油站。有家的男人如珠宝，无家的男人似枯草。

莲妻的不幸去逝，使其原本恩爱幸福的家庭轰然坍塌了半边天，犹如一艘抛锚在大海之上的航船，在波涛滚滚的激流中茫然失措，不停地来回打转，不知究竟驶向何方？

中年丧偶，给王文祥和孩子带来了巨大的悲痛与不幸，使其方兴未艾的人生与事业突遭风霜雨雪，蒙受了前所未有的沉重打击。丧失了巾帼后盾，家不成其为家，夫不成其为夫，子不成其为子，成了一根光棍、半个孤儿，孤苦伶仃不成戏。他由此再次跌入了人生和事业的低谷，心灵深处陷入了无尽的哀思与悲痛。

逝者如斯夫，人死不可复生，可奈其何哉？他默默地承受着人生的巨大不幸，在安埋好妻子后，把沉痛深深地埋入心底，毅然擦干眼泪，挺起胸膛奋然前行。他既当爹又当妈，边照管孩子，边在卫校附院外科上班看病，边奔其酷爱的医学事业，以此寄托哀思，打发时日。

家庭离不开贤内助，孩子离不开母爱，事业离不开志同道合的爱情滋润。随着时间的推移，不少好心人主动为文祥牵线搭桥，建议他组建新的家庭，可其心里一直放不下宇莲，且无中意之人，一直搁置未提。

一次邂逅的意外重逢，一位端庄秀丽、聪明能干的妙龄少女悄然走进了王文祥的心灵，她就是文丽萍。

文丽萍家住绵阳市涪城区吴家镇兴胜村四组，家庭出身贫苦。父母早年无生育，领养了一养子文兴发，后来又生了文丽萍，在其5岁时母亲不幸早逝，父亲文义既当爹又当妈，含辛茹苦地养育两兄妹，靠其在镇食品站当半脱产工人的微薄收入维持生计。养子文兴发自幼好吃懒做，不仅不兴不发，败己败家，还经常欺负和虐待丽萍。由于家庭贫困，丽萍从小一年四季仅靠一单衣裹身，连件像样的换洗衣服也没有，身上从未揣过一分钱，从未吃过任何一点零食，一到冬季手脚冻得全是冻疮。亲戚们都嫌她家穷，纷纷避而远之。其初恋时的男友在市建筑公司工作，因门不当户不对而被对方嫌弃，给丽萍幼小的心灵造成巨大创伤。

王文祥在凉山共大学习期间，曾多次为州建筑公司副经理、南下干部王尧舜的妻子文孃治病，王氏夫妇把他当作侄子对待。一次王文祥去他家玩时，偶然见到一位十四、五岁的小女孩，文孃向他介绍说："这是我的侄女文丽萍。"

1980年王尧舜全家随单位搬迁西昌，1983年王文祥和前妻袁宇莲带着儿子王飞去他家时再次见到了文丽萍，袁宇莲还特意买了块布料送给她做衣服，丽萍由此对他们一家颇有好感。

袁宇莲去世后，王尧舜夫妇曾向王文祥介绍过几个对象，他均以各种托词婉言谢绝。实际上他早已对丽萍心生好感，碍于对方是妙龄少女，而自己是已有小孩的中年男人，年龄悬殊较大，担心配不

上人家，所以一直难以启齿。

　　1986年春节，丽萍从绵阳来西昌姨娘家过年，王文祥此时见到的丽萍已不再是几年前的那个稚气未消的小女孩。时光荏苒，岁月造化，如今的丽萍已经出落为婷婷玉立、楚楚动人的大姑娘，宛如出水芙蓉，婀娜多姿，含苞待放。

　　一天，王文祥带着王飞去帮文嬢家打沙发，丽萍不停地忙前跑后，又是积极搭手协助，又是热情端茶倒水，不时关心照顾王飞。临走时王飞拉着丽萍的手对父亲说道："文嬢很好，要是她当我的妈妈就好了。"在场的大人都呵斥说："小孩子家，不要乱说！"

　　童言无忌，小王飞无意中的一句戏言，在王文祥脑海中掀起了巨大波澜，他觉得丽萍出身贫苦，自幼丧母，吃过很多苦，与自己经历相类似，且心地善良，漂亮贤惠，聪明能干，又知根知底，孩子认可，将来也好相处，心中陡然灵机一动：此乃意中人也！我非她莫娶！此时此刻，此情此景，有道是：

　　　　童言无忌吐真心，老爸灵犀一点通。
　　　　嘴上责备情暗动，欲言又止面带羞。

　　同年6月，丽萍再次来到西昌姨娘家，王文祥鼓

起勇气对其话中有话地试探说："我给你介绍个西昌的男朋友，是个中年人，带有一小孩。西昌气候好，你从小失去母亲，由父亲一手带大，将来在这里成了家，把父亲接过来养老，不就两全其美吗？"丽萍并未深悟其意，便红着脸一口谢绝。

第二天，王文祥索性直截了当地对丽萍说道："我俩耍朋友怎么样？"丽萍听后大吃一惊，十分羞怯地说："这是终身大事，等我回绵阳同父亲和幺爸、幺婶商量后，再写信告诉你。"丽萍回绵阳后怀着复杂矛盾的心情给王文祥写了一封模棱两可的信，不知是邮政丢失还是月老作祟，王文祥两眼望穿秋水，始终杳无音讯，心中如十五个吊桶打水，七上八下，失望万分。

12月下旬，丽萍怀着忐忑不安的心情来到西昌，在姨爹、姨娘的热心撮合下，正式与王文祥确定了恋爱关系。有道是：

时节未到苞含羞，春光明媚花吐艳。

梦里寻她千百度，嫣然一笑站眼前。

1987年元旦，他俩在凉山卫校隆重而简朴地举行了婚礼，学校领导、同事和亲朋好友纷纷到场热烈庆贺。

在袁宇莲去世两年之后，王文祥终于家梦重圆。

大山民医

第九章 至爱家庭

第二年喜添了漂亮可爱的女儿王娜，加上王飞一儿一女，两全其美。这个曾经残破的家庭终于月亮重圆，再享家庭的甜蜜与幸福。

爱情的滋润，重新焕发了王文祥对人生与事业的巨大热情和动力。他像一架上满发条的时钟，一台开足马力的机器，高扬生活的风帆，精神抖擞、斗志昂扬地再次全副身心地投入到酷爱的医学事业中去。

这正是：

天涯芳草何处寻？眼前正乃意中人。

巧破窗纸自推荐，家梦重圆天促成。

大山民医

第九章 至爱家庭

第三节　巾帼后盾

有诗为证：

家庭胜似避风港，闯荡四海无忧扰。

文祥不幸又万幸，贤妻两任助长跑。

宇莲铺路夯基业，丽萍接力领风骚。

巾帼女强为坚盾，鼎力夫君铸辉煌。

每一个辉煌的男人，背后都有一个辉煌的女人做坚强后盾。所幸的是，王文祥先后有袁宇莲和文丽萍两位巾帼强人作坚强后盾。

俗话说："什么样的男人必然找什么样的女人。"他们都是农村贫苦家庭出身，都来自社会底层，都曾饱经生活的忧患磨难，类似的家庭背景与人生经历，使他们在上天的冥冥安排之中，先后水乳交融地结合在一起，天造地配，志同道合，至臻至爱。

妻贤夫旺，王文祥因有两位贤妻做后盾而如虎添翼，在人生的疆场上纵横驰骋，打拼闯荡，尽展生命的风采。

夫贵妻荣，两任妻子因其而改变命运，走出家庭，走向社会，走向了荣耀璀璨的人生舞台。

文祥若是一架精美的演奏钢琴，她俩则是钢琴上的琴弦和音符，使之弹奏出扣人心弦、优美雄壮的人生乐章；文祥若是一艘大海的航船，她俩则是航船上鼓满的风帆，助其劈波斩浪，扬帆远航，抵达幸福的彼岸；文祥若是暴风雨中的一束雷电，她俩则是雷电绽放的绚丽彩虹，为其演绎出神奇梦幻，五彩缤纷的壮丽人生。

王文祥生前在谈起两位夫人时曾无限感慨地说："袁宇莲和文丽萍两人都是我人生、家庭和事业中的坚强的靠山。没有她二人，就没有我的今天。此生能与之先后结为夫妻，是我最大的福分，我此生无憾无悔。"

第一位妻子宇莲与文祥共同生活了七年，独自默默地为其挑起三副重担，撑起一片蓝天，为文祥人生和事业的发展起到了奠基石的重要作用，功不可没。

——挑起心理重担。他俩婚后一直处于两地分居、天各一方的状态。作为妻子，她一方面承受着

第九章 至爱家庭

无尽的思念、牵挂、担忧与寂寞的精神折磨；一方面又要为王文祥构筑坚强的家庭支撑：无论其身处顺境或逆境、遭遇困难或挫折，她均倾其所能，全力辅佐支持、悉心体贴，分忧解难，为其源源不断地注入爱情的强大活力。

——挑起工作重担。袁宇莲是事业心和工作责任感极强的女人，从不甘落后于人，工作素以大胆泼辣著称。在领导和群众心目中，她是全县卫生系统的女强人。她凭借自己的聪明才智和勤奋努力，先后走上了公社和区卫生院的领导岗位，赢得了省、州、县诸多荣誉，光环耀眼，连文祥都不得不为之佩服。反之，这又是对文祥人生与事业的莫大鼓舞、激励与鞭策。可谓是：夫唱妻随，比翼齐飞。

——挑起家务重担。她独自一人义无反顾地承担起了全部家务，一把屎、一把尿，辛辛苦苦地把儿子王飞拉扯到5岁。同时精心照顾文祥年迈的父母与幼小的弟妹，代其尽忠尽孝、尽职尽责地履行她作为妻子、母亲、儿媳和嫂子的四重责任与义务，为其解除家庭的后顾之忧。

第二位妻子文丽萍与文祥共同生活了二十四个春秋，相当于一代人的代际年龄。这是丽萍风华正茂的人生黄金时期，也是王文祥创业办医，成就梦想的关键时期。她20多年如一日，用自己的全部心血与汗水、聪明才智和青春年华，在其人生和事业发展的关键阶段发挥了无以替代的重要作用，军功章有王文祥的一半，也有她的一半。

她是忠实伴侣。在文祥创业办医压力最大、最为困难的时候，是她默默无闻地在背后为其筑起一道坚强的铜墙铁壁，不断为其鼓劲打气，从而使之坚定信心，战胜困难，走出困境。在文祥身患绝症的三年多时间中，她承受着思想精神、家庭和医院管理的巨大压力与悲痛，四处为其求医治病，昼夜寸步不离地在其身边悉心守护，无微不至地体贴照顾，直到不幸去世。她尽到了一个妻子所能做的一切。

她是家庭铁盾。为支持文祥工作，丽萍毅然挑起作为女儿、妻子、母亲的全部责任，悉心照顾老人，养育孩子，操持家务。一提起文丽萍，卫校的老师和家属们都翘起大拇指称之为极品女人：一流的人品，一流的人才，一流的能干，一流的贤惠。

她是并肩战友。为实现文祥从医创业的梦想，她与其相濡以沫，甘苦同舟，并肩作战，共同将王氏医业不断做大做强，铸就辉煌。

她是和谐大使。她胸怀大爱，心地善良，乐于

助人。她与王飞不是亲生胜亲生，不是亲妈胜亲妈，王飞长大结婚生子多年，其爱人易路至今不知他们是非亲生母子。她视文祥的兄妹为至亲，不论谁有困难，一概倾情相助。四弟王文军2015年病逝于成都，她亲自主持料理后事。她对社会关爱有加，无论病人、员工还是贫困群众，凡遇到灾害或困难，均有求必应，慷慨相助，人们都信她服她敬她。

她是后继强人。王文祥病逝后，她承其遗志，大力开拓创新，使王氏医业发展更上一层楼，由此成为凉山公认的女强人。

这正是：

宇莲辅佐奠基业，丽萍协力创辉煌。

夫唱妇和院兴盛，携手并肩写华章。

第四节　是父是子

有诗为证：

可怜天下父母心，望子成龙忧忡忡。

古今教子大学问，孰宽孰严仍西东？

以身垂范严管教，潜移默化传家风。

子承父志走正道，德才兼备品学优。

孩子好比早晨八九点钟的太阳，代表着祖国和人类的未来，在他们身上寄托着父母、家庭和社会的无限期望。

天下父母谁不疼爱孩子？天下父母谁又不望子成龙？而疼爱和教育孩子的方式则是大相径庭、天壤之别。

王文祥疼爱和教子的方式与众不同：他是大爱、严爱，而不是小爱、溺爱、宠爱。他认为严是爱，宠是害，不管不教是祸害。

俗话说，有其父必有其子，是父是子。有什么样的父母，必然会培养教育出什么样的孩子。王文祥教育孩子，历来是以身垂范，身教重于言教，从不空洞说教。他要求孩子做到的，自己首先做到；要求孩子不做的，自己首先不做；要求孩子遵循的，自己首先遵循。以自己纯正的思想和言行教育影响和规范下一代。如同大自然的阳光雨露一样，普照和滋润万物，使之生生不息，茁壮成长。

儿女在回忆起父亲时说："爸爸一辈子都是典型的老正统，一身正气，顽固不化。用现在时髦的话说，他教育我们的全是正能量。"

——他从小要求子女要走正道，不走歪门邪道。

在其心目中：德为人本，才为人标。品德好，没有才能可以学，品德不好，犹如长成的弯木，永远无法变直，难堪大用；又如企业粗制滥造的劣质产品，出厂就成了废品；又好比出轨的火车，才能越大，对家庭和社会的危害越大。

他谆谆告诫儿女：中华民族几千年，深受奴隶主义、封建主义和帝国主义三座大山的剥削压榨，历尽艰辛磨难。我们这两代人有幸在社会主义的阳光下生活，托的是共产党的福。要求儿女一定要听党的话，走好人生正道，做一个对国家对人民对社会的有用之才。

在儿女心目中，父亲就是一个一辈子坚持走正道而不走歪门邪道的人。他辞职下海创业办医，处处坚持以共产党员的标准严格要求自己。一次，他参加州卫生局机关党支部的组织生活会，有的老党员、老干部在会上对党发牢骚，说怪话。他怒不可遏，毅然冲上主席台，义正辞严地反驳道："没有共产党，哪有新中国？没有共产党，哪有建国几十年来翻天覆地的巨大变化？没有共产党，大家哪能安安稳稳地坐在这里开会？如果像前苏联那样，共产党垮了，对我们在座的意味着什么？毫无疑问，将统统被打入十八层地狱，哪还有我们的生存立足之地？我们身为共产党员，岂能忘恩负义，身在福中不知福！拿着共产党的俸禄发牢骚。"其话音一落，顿时赢得全场一片热烈的掌声。在另一次组织生活会上，一些党员围绕"为什么要搞社会主义而不搞资本主义"的重大政治理论问题争论不休。王文祥一针见血，仗义执言："顾名思义，资本主义是资本私有、私产、私富，个人发财；社会主义是资本共有、共产、共富，大家发财。因此，我们必须搞社会主义而不能搞资本主义。尽管我国目前实行的是多种所有制经济，但主体是公有制，最终目标是共同富裕，手段是政策调控，逐步过渡。"寥寥数语，令人大彻大悟。

他对黄、赌、毒等社会丑现象深恶痛绝，一贯告诫儿女："天下之大恶莫过于黄赌毒！社会之大害莫过于黄赌毒！一旦染上黄赌毒，必将堕入万劫不复的无底深渊。无论穷困潦倒还是家产万贯，必须永远远离黄赌毒。"他在州政协会上亲自撰写提案，要求在全州全面禁绝黄赌毒。对来王氏骨科住院治病的沾染赌博、艾滋病的青年患者，他运用典型案例，痛心疾首地大讲赌博和艾滋病的严重危害，一边医病，一边医人，使之痛改前非，重新做人。

在父亲的教育影响下，儿女双双从小好学上进，根正苗红，表现优秀，从不沾染黄赌毒和抽烟、酗酒等社会恶习。

——他从小严格磨砺子女的意志精神。

他再三告诫儿女：意志精神是一个人、一个民族、一个国家生生不息，兴旺发达的希望所在。新中国之所以在短短数十年间迅速崛起，由穷变富、由弱变强、傲立世界，原苏联之所以逐渐由盛变衰、由强变弱，最后解体灭亡的历史就是两大最好的例证。要求儿女一定要继承和发扬革命先辈的那么一股劲，那么一股热情，那么一种拼命精神，踏实地干一番事业，创一番业绩。

在儿女心目中，父亲是一个意志超强的人，他无论做什么事都有一种坚韧不拔，不干成功不罢休，不到黄河心不甘的牛劲和一不怕苦，二不怕死的拼命精神。

"文革"中，他在从冕宁县回越西的途中遇到武斗，在当地百姓家中躲了半月，靠帮人干农活、做家务谋生。返家途中身无分文，沿途靠扯草药、为人治病，换钱乘车回家。

他一年四季早上6点准时起床，叫上儿女一起跑步、练武术。冬季气候寒冷儿女不能按时起床，他就用棍子抽打屁股，强行从床上拖起来锻炼。凡带儿女外出游玩，他故意不带钱，不准在外买零食吃；凡带儿女出远门，他总是事先做好荞粑带上当作干粮充饥，用输液瓶装开水解渴，不准在外吃馆子、买水喝。

一次他带王飞、王娜及侄子三个10多岁的小孩去爬泸山，孩子们途中走不动想坐下休息，他一路用竹竿抽打，强行赶着走，来回走了七个小时才回到家中。自此以后儿女们都怕跟着他出门。

有一次，全家人从成都赶火车回越西老家，由于是深更半夜，没有看清站牌，提前一站错下了车，丽萍和两个子女跟着他在大山深沟中黑天摸地，提

心吊胆翻山越岭、钻隧道，足足走了六个多小时，直到天亮才走回老家。

小时儿女对父亲的严苛要求无法理解，感到不可思议，不近人情。长大后才慢慢懂得了父亲对他们劳其筋骨，饿其体肤的良苦用心，使之受益终身。与同龄人相比，在他们身上多了一种不畏困难、锲而不舍、坚韧不拔，一干到底的意志精神，一种干工作的钻劲、拼劲和韧劲，这全得益于父亲的严格培养和磨炼。

——他从小要求子女必须刻苦勤奋。

他一再告诫儿女：一分耕耘，一分收获，天上不会掉下馅饼，地上不会自出钞票，人间绝不会有不劳而获的好事，一切都要靠自己努力奋斗。正如国际歌所唱："从来就没有什么救世主，也不靠神仙皇帝，要创造人类的幸福，全靠我们自己！"世上只有想不到的事而没有办不到的事，就怕好吃懒做，贪玩好耍，不愿吃苦努力；机会永远钟情于那些勤勉奋斗的人，而绝不会钟情于懦夫懒汉。

在子女心目中，父亲就是一辈子刻苦学医、勤奋创业办医的典范。

两个子女从上小学开始，父亲便一人配一把锄头，早晚和星期天一有空，就带着他俩在医院的空地上挖土种菜；一到假期，就安排他们在医院打扫卫生和到食堂洗菜洗碗，每人每月付给20元工钱。儿子王飞从中学开始，一到假期就被安排去成都打工谋生，让其在艰苦环境中锻炼成长。在父亲的教育影响下，儿女双双从小吃苦耐劳，勤奋好学，不负厚望。儿子王飞学校毕业后按照父亲意愿，负责管理成都康华医院。女儿王娜从澳大利亚留学毕业回国后在深圳从事工商管理工作，成为同龄人中勤奋创业的佼佼者。

——他从小要求子女必须勤俭节约

他一贯告诫子女："成由勤俭败由奢，由俭入奢易，由奢入俭难。艰苦奋斗，勤俭节约是中国共产党和中华民族永远立于不败之地的优良传统，也是我们王家一以贯之、世代相传的良好家风，必须永远传承下去，不断发扬光大。"

在儿女心目中，父亲的艰苦朴素、勤俭节约到了不可理喻的程度，与当今年代格格不入。他平常大多穿旧衣服，很少买新衣服，偶尔买一件也只买便宜的，从不买贵的。一次妻女给他买了件外出穿的稍微好一点的衣服，他问多少钱？两人都异口同声地说100元，因为只有在100元以内的衣服他才接受，否则必须强制退换。他的一双皮鞋已穿了多年，

大
山
民
医

第
九
章

至
爱
家
庭

鞋底早已破烂，丽萍倒垃圾时一并拿去丢在楼下的垃圾桶里，他知道后，又从垃圾桶里捡回来修补后继续穿。

上世纪九十年代初，他已是卫校的骨干教师和医生。一天全家人去邛海宾馆游玩，因他穿的衣服太为土气破旧，门卫将他挡在门外，不准入内。2008年儿子王飞结婚，他去邛海宾馆包席，人家见他满手老茧，以为他是王氏骨科医院的打工仔，不包给他，当他将自己的银行卡掏出来摆在对方面前时，人家才知道他就是大名鼎鼎的王院长，于是连声说"对不起！"就连他用的收音机也是二十多年前的老古董。

他每次带着王飞坐火车回越西老家，王飞临走时故意不吃饭，为的是在火车上吃上一盒盒饭。当时的孩子觉得能吃上一顿盒饭是一件十分时髦体面的事，但父亲每次都强制他吃饱饭再走，以断其念想。王娜吃土豆要撕皮，父亲就给她讲自己小时挨饿受冻的艰苦经历，不准其撕皮浪费。后来不论家庭条件如何改变，儿女俩从小到大身上从未装过一分零花钱。在父亲的影响和熏陶下，儿女长大后均继承了父亲的优良传统，尽管生活条件变好了，勤劳节俭的家风始终保持不变。

文祥在生命垂危之际，仍念念不忘孙辈教育。
再三叮嘱丽萍和王飞、易路，一定要把孙儿教育好，
把良好家风永远传承下去，使他们成为国家和社会
的有用之才，而绝不能成为废物。

　　这正是：

　　　　以身垂范严教子，黄金棍下出栋材。

　　　　儿女双双承父志，是父是子一门人。

第十章

悲壮时日

人生理想如五彩缤纷般美好，现实却似风霜雪箭般残酷。

一次意外的拍片检查，给王文祥带来了惊天凶讯——身患肺癌。

突如其来的绝患凶耗，突如其来的灭顶之灾，犹如五雷轰顶，天崩地裂，残酷无情，令其猝不及防。

他不相信自己会患上癌症，但科学仪器的检查，黑字落在白纸上，犹如板上钉钉子——硬斗硬。

面对癌魔的残酷打击，他不得不将人生的战场由此转向另一场前所未有的特殊的战斗——与癌魔顽强抗争，用生命书写了一曲悲壮感人的抗癌壮歌。

真可谓是：

立马横刀战癌魔，视死如归奏绝唱。

春蚕到死丝未尽，蜡炬成灰写悲壮。

第一节 惊天凶讯

有诗为证：

意外拍片传凶讯，肺癌霹雳从天降。

人生自古谁无死？平生见证多少亡？

只恨老天太无情，壮志未酬愿未了。

堂堂铁血真男儿，大限临头独自扛。

妻儿强逼去检查，万般无奈告真相。

当今中国人最迷信偶数而忌讳奇数，其中又特别迷信8，无论选择什么数字，都要选择8与8的连数。其谐音意味着"发、发、发"，无论是官员、老板，商贩还是普通百姓，都对8趋之若鹜，求之若渴，不惜重金，傻争疯抢。

按此逻辑，逢8的年头应当是吉祥平安的年份，可老天是不以人的意志为转移的，良好的主观愿望只能是人们的一厢情愿，建国以来多数逢8的年份恰恰与之相反：

——1958年严重自然灾害加大跃进，导致三年经济严重困难。

——1968年"文革武斗"，致使全国正常生产、工作秩序一度受到严重干扰。

——1988年全国发生通货膨胀，掀起全国性抢购狂潮。

——1998年全国暴发百年不遇大洪水，大江大河告急，举国抗洪救灾。

——2008年更是一个万劫不复、大灾大难的年头。举世震惊的"5·12"汶川大地震，以几十万人生命财产的血的惨重代价，彻底打碎了这一愚昧的迷信逻辑。

2008年对王文祥及其家庭来说，同样是一个永远挥之不去的阴暗年头。

正当王文祥豪情满怀地开工兴建十三层的医院新大楼之时，正当他雄心勃勃地绘制医院发展的新蓝图之际，正当他踌躇满志地准备挺进北京发展之刻，惊天凶讯轰然毁灭性地朝他迎头袭来。

这年三月的一天，西昌卫星发射中心的张总工程师电话告诉他：卫星基地的519医院从上海请来了一位全国拍摄X光片的权威专家，如需要拍片检查可随时与之联系。于是他带着一位患者前往519医院

拍片检查。张总工程师和上海专家突见王文祥印堂发黑，脸色灰暗，全身奇瘦，一副病态，直观感觉是肺部可能出了问题，于是顺便为其拍了一张。他们三人一道看片观察，发现肺部有明显阴影，上海专家凭借其精湛的专业造诣和经验，明确告诉他是肺癌。

突如其来的惊天凶耗，似天崩地裂、五雷轰顶，残酷无情，令文祥猝不及防。他脑子瞬间一片空白，目光呆滞发痴，一头闷坐在沙发上，茫然不知所措，半晌回不过神来。

作为天地凡人，他何尝不知生老病死是天道轮回，自然法则，古今中外，谁能例外？

作为铁血男儿，他何尝不知"人生自古谁无死，留取丹心照汗青"；"我自横刀向天笑，去留肝胆两昆仑"的千古雄杰，大义凛然，慷慨赴死。

作为职业医生，他何尝不知身患癌症意味着什么？他一生曾经历过多少次死亡的威胁，又曾见证过多少死亡。

他万万没有想到，自己一生与病魔作战，想不到最后没有战胜病魔却反被病魔所击中。大丈夫是可忍，孰不可忍！是可甘，孰不可甘！

他正值年富力强、德医双馨、技术炉火纯青的

天命之年，他事业未竟，壮志未酬，宏愿未了，命不该绝！可恨老天无眼，癌魔无情，可奈其何哉！

　　作为院长和医生，多年来他每天早上一直在坚持跑步和练习气功、武术，信誓旦旦地认为自己是国防身体，家人、员工都认为他是铁打的壮汉，几十年来几乎没有生过病、吃过药，连感冒都很少。他由此抱以侥幸心理，从未正儿八经地进行过正常的身体检查，长期超负荷地运转而忽略了自己的健康。其实早在拍片检查前两三个月，他就已经发现自己身体明显消瘦，精力骤然下降，肺部隐隐作痛，由于整天忙于医疗和院务管理，一直未曾引起重视。假如他坚持正常的定期健康检查，假如他一发现身体不适就及时诊治，情况何以至此？他就像一辆高速飞奔的列车，一架昼夜轰鸣的机器，数十年高速运行，从未进行过检修和保养，最终酿成今日之大患。可谓成也萧何，败也萧何，一切悔之晚矣！

　　要不要告诉妻子丽萍？丽萍与他一起白手起家，创业办医，受尽了苦累，作为一个女人，其医院管理的压力已经够大，且还要管家管孩子。他担心如实告之，打击突如其来，必然是火上浇油，活活将其拖垮，那家庭怎么办？医院管理怎么办？他权衡再三，认为最佳选择是对其暂时保密。

要不要告诉儿女？儿子王飞担负着成都康华医院的管理，担子沉重，脱不开身；女儿王娜远在澳大利亚留学深造，告诉她必然影响其学习。况且儿女都还年轻，无法承受如此沉重之打击，认为也只能暂时选择保密。

要不要告诉医院的相关管理人员与员工？可他担心由此导致病人哗然，职工惶然，医院发展蔫然。认为还是只能暂时选择保密。

于是，他坚持把病情封藏在心底，每天照常若无其事地坐诊看病和处理医院事务。尽管拍片检查报告单就放在他随身携带的挎包里，但丽萍从无翻其挎包的习惯。

大概过了半年左右时间，丽萍发现其身体急剧消瘦，每况愈下，面色越来越难看，晚上睡觉经常疼痛呻吟，难以入睡。因丽萍此时正在医院照顾其同样身患肺癌的姨妈，只好安排儿子王飞强行带父亲去成都检查。

王飞好不容易强行带着父亲来到了成都省肿瘤医院大门口，可无论儿子如何好说歹说，他一口拒绝入内检查。最后实在强拖不过，他才对王飞实话实说："无需检查，爸爸患了肺癌。"

他边说边从自己挎包中将519医院的拍片检查单

掏给王飞看，并反复叮嘱"千万不要告诉你妈，她如果知道了必然无法承受而由此倒下。我可以倒下，但她不能倒下！医院不能倒下！"

王飞看后大为震惊而万分痛惜地说："爸爸，这么大的事你为何不早点告诉我们？我们早点知道也好积极设法为你治疗，否则病情越拖越严重。是否就是癌症？既然来到了成都，就应当通过省级医院的权威检查再次确珍。"

王飞迫不得已打电话将在成都休假的一位表叔请来一同劝说。这时，他才不得不随之进入省肿瘤医院做再次检查。诊断报告出来后，上面赫然写着四个大字："肺癌晚期"。专家悄悄告诉王飞："顶多还能活一至两月时间。"

当天，王飞便在电话里哽咽着告诉丽萍："妈妈，告诉你一个不幸的消息，爸爸患了肺癌。"丽萍闻讯后，脑子像炸雷一般，轰然瘫倒在沙发上，大哭了一场，紧接着订了第二天上午去成都的飞机票。当晚她以泪洗面，通宵未曾合眼，第二天一早便心急火燎地赶到成都。

病情确诊后如何进行治疗？是在成都治疗，还是回西昌治疗？丽萍和王飞都主张他到川医住院治疗，但他不愿在成都治疗，担心死在成都，不能落

叶归根，也不愿做开刀手术和放化疗。他深知西医治疗癌症已走入了死胡同，尤其是对晚期癌症，反复做手术和放化疗，同时大量杀灭人体的正常细胞，破坏人体自身的免疫力，只会加速死亡。所以其愿望是回西昌采用中医方法，自配中药治疗。母子俩尊重他的选择，最后决定返回西昌治疗。

在离开成都前，妻儿陪着他最后一次游览了杜甫草堂、武侯祠和三星堆，此时的他仿佛已不是去游览，而是去和创造灿烂历史文化的伟大先贤们逐一告别。临上飞机时，成都细雨霏霏，似乎在默默无声地送别这位不久将去天国定居的远行者。上飞机后，他坐在机窗边的座位上，久久地凝视着雨雾中的蓉城市容，默默无语，就像一位即将奔赴疆场的战士，用其特有的方式，向这座与之有着不解之缘的历史古都作最后的诀别。飞机抵达西昌上空时，艳阳高照，金光万道，彩云翻飞，似乎在热烈欢迎这位凉山儿女抱病回归故里。

这正是：

日丽中天重抖擞，惊天凶舛从天降。

冷藏心底独承受，真相大白家人焦。

第二节　顽强抗争

有诗为证：

　　烟酒不沾癌何来？积劳成疾是元凶。

　　对症下药精施治，身心俱退静疗养。

　　咯血疼痛日加剧，死神紧逼感时少。

　　垂危犹操未竟事，誓同癌魔争分秒。

　　癌症如此之恐惧可怕，人们不禁连连发问：何为癌症？人类发现癌症始于何时？癌症从何而来？

　　概而言之：癌症就是生长在人体身上的恶性肿瘤。西医称之为癌症，中医称之为癥瘕。

　　人类发现癌症的历史迄今已有3000年之久。公元前460年至730年间，古希腊医生波格拉底就有关于癌症手术的记载，癌症一词就是他最早提出来的。中医在西汉时期的汉文帝时就有关于癌症的记述。

　　癌症的产生不外乎人体内外两大因素：内因为遗传、身体、生活、思想、精神等因素，外因为生

物、化学、环境、工作等因素。内外有害毒素长期聚积导致细胞基因变异而诱发癌症。

在历史上人类患癌的比例很低。一分为二地来分析，当今工业化、城市化、现代化的快速推进，有力地促进了经济的快速发展和人民生活的极大改善，同时也由此带来了一些新的问题。其中之一就体现在各种癌症的发病率呈爆发性增长，成了危害人类健康的头号杀手，其中第一大罪魁祸首就是肺癌。其主要根源就在于自然环境严重污染，人类的生存条件严重恶化。

据医疗权威专家分析，肺癌产生的直接原因，就一般而言不外乎三种情况：长期吸烟饮酒，导致肺部发生严重病变；长期在严重污染的环境中生活，接触大量有害有毒气体和物质而诱发癌变；工作、生活和思想、精神压力过大，长期处于超负荷运转的高压状态，造成身心严重透支所致。

王文祥究竟属于何种病因？其家人、亲友和专家综合分析认为，他从不抽烟喝酒，也没有长期在严重污染的环境中工作生活，两者都不是主因。其主因之一就是：学习、工作和生活长期超负荷运转，思想、精神一直处于极度紧张的极限状态，最终积劳成疾。其主因之二是除上述普通原因之外的特殊因素：他三十余年运用气功进行点穴治病，致使肺部和全身精气血严重亏损而诱发癌变。按照中医"怒伤心，忧伤肝，思伤脾，劳伤肺"的观点，其癌症是活活累出来的。

病因找准后，如何对症下药，积极施治，有效延长其生命期？专家建议坚持五管齐下，实施全方位诊治：

——文祥必须全身心退下来，静心疗养。

——为保证医院工作的正常运转，对外继续保密。

——医院管理和新大楼修建由丽萍全权负责，日常医务工作由分管副院长和科室负责人按照分工，各负其责。

——文祥护理以丽萍为主，家人及亲友配合。

——治疗方法实行中西医结合，以自配中药治疗为主。

迫于病情危急和大家的一致强求，他不得不暂时放下工作，安心静养。但他天生就是个以医为命，为医而生，为医而活的人，他始终离不开诊室，离不开病人，如同雄鹰离不开蓝天，航船离不开大海，火车离不开铁轨，要其完全离开自己心爱的医疗岗位如同要他的命。

第十章

悲壮时日

仅过数月时间，他就像热锅上的蚂蚁再也憋迫不住，迫不及待地要求去门诊坐诊看病，不少病人也指名点姓要找他看病。丽萍这时也切实感到，强制其离岗静养，王文祥反而成天丢魂落魄，注意力全集中在病情上，反对其治疗不利，不如让其坐诊看病，既对其治疗有利又可满足病人的愿望。于是又改离岗疗养为边看病边疗养，只是将每天的门诊量控制在30人以内。

随着时间的推移，王文祥感到肺部的疼痛愈来愈严重，胸部咯血的现象越来越频繁，每次一咯血就是一小酒杯。他预感到死神正在悄悄向自己逼近，上帝留给自己的时间已为时不多。他在边疗养边坐诊看病的同时，力争抢在死神的前面，抱病抓紧完成他在离开人世之前必须完成的事项：

——为父亲撰写祭文和举办葬礼，2009年冬，其父与世长辞，他怀着万分悲痛的心情，连夜为父亲撰写了5000余字的感人肺腑的祭文，在丽萍陪伴下专程返回越西老家，为父亲举办了隆重的葬礼。在葬礼上，他声泪俱下地回顾了父亲坎坷艰辛的一生，深切缅怀了父亲的养育之恩，深情赞颂了父亲一辈子做人行医、救死扶伤、悬壶济世的崇高品质，令在场人员潸然泪下，泣不成声。

——将蒋介石家医余恩梅大师亲手传授给他的点穴治病术，结合自己在实际运用中的经验体会与案例整理撰写成书，以传后世。这是民族传统医学的精华和文化遗产，不能让其失传。他拖着剧痛难奈的病体，上气不接下气，一字一咯血地艰难撰写，但令人遗憾的是，仅写到八页半便再也无法写下去了，成了他永远无法完成的生命遗作。

——以诗言情的方式，对二十多年相濡以沫、共同打拼创业的爱妻丽萍，留下自己的诀别赠诗。他强忍癌魔的痛苦折磨，断断续续地写成了一首《生死牵手》的诀别诗：

夫妻恩爱寄于手，生死不离长相守。

早上出门牵牵手，成天快乐无忧愁；

晚上回家牵牵手，一身劳累全赶走；

此生有你来牵手，无怨无悔无奢求；

只恨老天给时少，尚未牵够你的手；

倘若人生有来世，还要再牵你的手；

阴阳相隔何相会？七夕桥上重聚首；

莫道生死两茫茫，天上人间共北斗。

——以诗寄语的方式，对一双身在远方的儿女留下自己最后的深情嘱托。他满怀难以割舍的痛惜深情，含泪写下了一首《儿女别哭》的诀别赠诗：

儿女别哭，老爸去了天堂；

莫要难过，莫要悲伤；

天国的迎宾乐曲已经奏响，

我已将你们的炽爱永久珍藏，

你们的泪光已把我的前路照亮，

我在那里将再无疾病的忧扰。

儿女别哭，老爸去了天堂；

没有遗憾，没有奢望；

只是难以割舍曾经的医学梦想。

愿你们在暴风雨中茁壮成长，

像海燕和雄鹰展翅飞翔，

将祖传的医术继续光大弘扬。

儿女别哭，老爸去了天堂；

不必惆怅，不必彷徨；

我在上天护佑你们一路辉煌。

谁说天人相隔永难再见？

来世我们还是父子一家人，

还要一起坐在温暖的火旁拉家常。

——坚持续写和修订王氏家谱，以给子孙后代留下一个家族传承的书证。经过近两月时间的艰难撰写，重新整理和修订了长达三十多页的王氏家谱的遗稿手迹。

——以口述的方式，强忍剧痛，断断续续地对自己四十余年刻苦治学、从医治病、艰苦创业的人生经历进行了全面回顾和总结，托人详细记录下来，希望在其去世后整理出书，以激励他人，教育子孙后代。

——为表达对远在异国他乡的女儿的思念，他以惊人的毅力，抱病坚韧自修，一字一句地学会了电脑打字。将父亲对女儿的深情关爱与体贴、临终希望与嘱托，通过电脑源源不断地传输给在澳大利亚留学的女儿，以了却父亲最后的夙愿。

——艰难地拖着病体，将自己几十年的学习笔记、工作日记、科研论文、典型病例材料、经验交流、自编中草药图谱、新闻报道及视频资料，进行全面清理，分别装订成册，逐一装箱编号，永久封存保管。

这就是王文祥，这就是视死如归、坚如钢铁的王文祥，这就是生当作人杰、死亦为鬼雄的王文祥！文祥呀文祥，生亦坚强，死亦坚强！来亦悲壮，去亦悲壮！不愧为奋斗之王，拼命之王！

大山民医

第十章 悲壮时日

327

真可谓是：

国际悲歌歌一曲，狂飙为君从天降。

铁血硬汉真男儿，直面生死如寻常。

这正是：

一生治病累成病，一息尚存还治病。

生命不止人不休，死而不已感天地。

大山民医

第十章 悲壮时日

第三节　弥留之际

有诗为证：

　　水饭难进疼难耐，骨瘦如柴体变形。

　　弥留不忘念他人，闭口不言他自己。

　　噩耗惊传雷电鸣，医星陨落天地倾。

　　泸山垂首邛海泣，昌城一时花圈稀。

2011年对王家人来说，又是一个舛凶肆虐、死神笼罩的黑色年份。

王文祥从2008年底开始边治疗边看病，先后持续了两年时间，2010年春节前夕，他再也无法站立起来了。

这一年的春节，西昌如同往年一样热闹非凡，城乡上下披妆挂彩，大街小巷鞭炮齐鸣，家家户户喜气洋洋，沉浸在一派欢乐祥和的节日氛围中。

王家的春节却是另一番凄惨景象：文祥的病情不断加重，全家人整日忧心如焚，以泪洗面，生活

在一片凄楚悲凉的气氛中，什么吃年饭、放鞭炮、观看春节联欢晚会，外出旅游过年，犹如隔日黄花，全无心思顾及。

春节后的景况更为凄惨，其病情急转直下，不断恶化：疼痛由肺部发展到全身性剧痛，成天气喘吁吁，呼吸十分困难；浑身大汗淋漓，如同水洗一般；全身骨瘦如柴，体重由150多斤一下骤降到70多斤。

之前还能在屋内来回挪动几步，现在只能成天躺卧在床上或沙发上；之前还能断断续续地睡上两三小时，现在成天疼痛难耐、呻吟不断，双眼浮肿，通宵无法入睡；之前药物多少还起点作用，现在任何药物都已失去了作用，仅靠丽萍扎银针止咯血与疼痛；之前每顿还能吃上半碗干饭或一碗稀饭，现在全要丽萍一口一口地依喂，每顿只能勉强吞咽几口稀饭；之前还能自己穿脱衣服，现在全要丽萍穿脱，身体严重变形，平常的衣服已无法再穿，要请人专门定做；之前还能自己上卫生间大小便，现在全要人搀扶，连解大便都困难，要丽萍用手一点一点地往外抠。

丽萍怜其实在痛苦难受，主动与州一医院联系，拟送州一医院特护病房专人护理。可院长对她说：

"你们家中的护理条件和家人24小时寸步不离地悉心照护，远比我们医院的护理好得多，到我们这里还不如在你自己家里。"她再三征求其本人对治疗的意见，他坚持不做西医手术和放化疗，只愿去成都中医药大学采用中医治疗，但又担心去成都治疗客死他乡，最终未能成行。面对其日益恶化的严重病情，丽萍及家人心里只有一个念头，日夜精心陪护在其身边，尽最大努力，为之提供强大的精神支撑，最大限度地减缓病情，减轻痛苦。他们已经预感到死神正一步步向其逼近，但又一筹莫展，无可奈何。

毫无疑问，压力最大、最为痛苦和艰辛劳累的是其爱妻丽萍。自文祥患病以来，思想精神重担、医院管理重担、全家生活重担、护理重担全压在这位近乎全能女强人的身上。她以其特有的坚韧和顽强，以柔弱的双肩支撑起全部天地。她深知自己是文祥最为信赖的生命依靠，无论医院管理再繁忙，外出办事再紧张，她每天务必按时赶回，悉心守护照顾。每天多数时间，她几乎都在家里到医院的两点一线间奔走，扮演着两面人的尴尬角色：上班到医院扮演院长角色，以微笑面对病人和员工；在家扮演妻子角色，以最好的心情、最美的笑容伺候丈夫，哄其开心，为之取乐，尽可能地让其安然度过

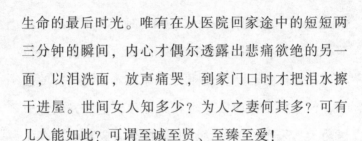

生命的最后时光。唯有在从医院回家途中的短短两三分钟的瞬间，内心才偶尔透露出悲痛欲绝的另一面，以泪洗面，放声痛哭，到家门口时才把泪水擦干进屋。世间女人知多少？为人之妻何其多？可有几人能如此？可谓至诚至贤、至臻至爱！

人们都在关心牵挂文祥的病情，然而处于弥留之际的文祥，关心和牵挂的却依然是他人和事业：

——他深知自己已不久于人世，看到丽萍白天要管理医院，晚上又要通宵陪护自己，担心拖垮其身体，又怕自己死时的模样吓着她，便向丽萍提出分床而睡，他睡一间，丽萍睡另一间，被丽萍一口拒绝。后来他又托丽萍幺婶再做丽萍的工作，丽萍声泪俱下地对他说道："你我是二十多年相濡以沫的患难夫妻，照顾你是我应尽的本分，我不照顾你谁照顾你？要我丢下你不管绝不可能，千万不要再提。"文祥听后热泪盈眶，握住丽萍的双手久久不放。

——州、市不少领导、亲朋好友和同学来看望他，他反复提醒大家"我过去长期超负荷运转，导致身体严重透支，酿下今日之悲剧。你们一定要吸取我的教训，引以为戒，千万保重身体，切不可重蹈我之覆辙。但我对自己的选择不后悔。人生有限，事业无限，以后尽管我人不在了，但生命仍将在自己所创造的事业中得到延续和发展。"

——他再三告诫丽萍："我走了以后，你一定要节哀保重，不要为我过分悲伤难过，这是我在上天最不愿看到的。在没有我的陪伴下，愿你自己走好未来的路。如有合适对象，望你再找一个，我在天堂永远保佑你。"丽萍泪如雨下，不停地对其点头。

——他反复嘱咐丽萍，一定要把员工待好，把医院管理好。丽萍紧紧依附在其耳边大声说道："你尽管放心，只要有我在，就有王氏骨科医院在！"他紧紧抓住丽萍的手，久久不愿松开。

——他艰难而断断续续地对丽萍说道："这几年我生病花了不少钱，现在修建新大楼要钱，添置设备要钱，经费紧张，我死后丧事从简，遗体火化后，把骨灰撒在青山绿树丛中，不买坟地、不立碑。"丽萍将他的头揽在自己怀中，泪流满面地说："你我夫妻一场，二十多年相濡以沫，患难与共，我怎么能忍心把你的骨灰撒了呢？绝对不能！我要给你买地立碑，以后逢年过节我都要带着儿女来给您和你的前妻袁宇莲上坟。而且坟要买成双坟位，将来在我归天之后和你葬在一起，永不分离！"王文祥默然无语，双泪长流。

——他念念不忘地提醒丽萍："我家中姊妹多，加上儿孙一辈，好几十号人。我死后难免有人来找你出气、发牢骚，你要沉得住气，不要和他们一般见识，忍一忍就过去了。"丽萍含泪说道："我们生死是一家人，你的至亲就是我的至亲，你在不在都一样，谁家有难处，能帮的我都会帮，你尽管放心，我会与他们和睦相处。"

——一位远在外地、多年不见的挚友从外地专程赶来看望他。他深知其喜欢糯米饭，执意让人扶着一步一拐、上气不接下气地搀去厨房，亲自为其煮青豌豆焖腊肉糯米饭。大家劝他躺下休息，由别人来煮。他气喘吁吁地说到："豌豆焖糯米饭的青豌豆、腊肉、糯米各放多少？水的比例多大？火候如何掌握？你们没有煮过不知道，只有我才清楚，必需由我自己动手来煮。"令在场的人不禁啧啧赞叹："天生就是个一生为他人着想而不为自己着想的人。"

——按照其意愿，丽萍将医院党政领导班子成员和各科室负责人通知到家里来，召开了他生前的最后一次中层以上管理人员会议，他最后一次履行院长的职责，对医院的管理发展作最后的交待。丽萍将他扶靠在客厅的沙发上，大家怀着悲痛的心情走上前去，一一含泪与之握手致意。他吃力地挥了挥手，示意请大家坐下，然后气喘吁吁地说道："感谢大家选择到王氏骨科医院来工作，感谢大家多年以来为医院付出的辛勤努力与奉献，感谢大家对我的关心，没有你们的关心支持和努力，就没有我和医院的今天。在我去世以后，希望大家像支持我一样支持丽萍的工作，继续坚持救死扶伤、治病为民的宗旨，努力把医院办成人民群众满意的医院。同时要随着医院的发展，逐步提高员工的工资待遇，使大家有想头、有干头、有奔头。"大家泣不成声，纷纷含泪表示，一定不辜负王院长的殷切期望，全力支持文院长的工作，与王氏骨科医院甘苦同舟，荣辱与共，不离不弃。他吃力地将双手抱在胸前，以其微弱而颤抖的声音说道："谢谢大家，拜托了！"

王文祥就是这样一个一辈子为他人着想，为病人着想，为事业着想，而很少为自己着想的人。在生命奄奄一息之际，心里装着的依然是他人、病人和事业，而唯独没有他自己。

六月初开始，王文祥的生命已进入了倒计时：饭食不咽，滴水不进，全身浮起肿块，胸背骨头凹

凸变形，神志昏迷不清，昼夜烦躁不安，颠三倒四，尽说胡话，完全靠输能量组合剂和打止痛针维持生命。

六月十六日凌晨7时许，凉山骨科医学事业德高望重、医术精湛的一代传奇式人物，一颗闪亮耀眼的医星，带着对家人、亲友、病人和骨科医学事业的无限眷念，永远地闭上了眼睛，永远地离我们而去了，其生命被永远定格在了61岁。

他赤条条地、轻轻地走了，正如六十一年前他赤条条地、轻轻地来了，而洒满了一路阳光，铺下了一路辉煌，给社会留下了深深的烙印，给人们留下了无尽的伤感和哀痛。

作为医生和他挚爱的骨科医学事业，60来岁正是年富力强的黄金年华，他走得太早太匆忙了，早得令人痛惜，匆忙得令苍天含悲。他的过早离世，给家人、病人和骨科医学事业带来了无可估量的损失，留下了难以填补的空白和遗憾。

家人需要他，病人需要他，骨科医学事业需要他，人民群众需要他，他还有许多雄心勃勃的人生抱负和宏伟梦想要去实现，可叹苍天无眼，可恨癌魔无情，残忍地夺走了他的生命。真可谓生命脆弱，好人命薄。

医星陨落，噩耗惊传，天公为之垂泪，大地为之伤悲，泸山为之哀惋，邛海为之哭泣，人民群众和社会各界无不为之痛惜。惜其英年早逝，事业未竟，壮心不已；痛其典范顿失，肝肠寸断，欲哭无泪；感其死如泰山，虽死犹荣，精神长存。痛哉王公！哀哉丈夫！壮哉奇医，伟哉英才！

这正是：

正气浩然惊天地，江河呜咽哭王公。

不是雷锋似雷锋，高山丛中一苍松。

大山民医

第十章

悲壮时日

第四节　千人送葬

有诗为证：

哀乐低迴裂肝胆，花圈挽联绕灵堂。

花团锦簇拥灵枢，文祥安卧丛中笑。

好友亲朋齐聚首，庄严肃穆同怀悼。

十里长街送忠魂，天人同悲泪滔滔。

盖棺论定任评说，民心见证谁功高。

莫道天公瞎无眼，大雨倾盆寄哀思。

王文祥去世的当天晚上，凉山多地雷鸣电闪，暴雨倾盆，系多年之罕见。越西县境内成昆铁路北沙河段桥梁被洪水冲毁，经过8小时紧张抢修才重新恢复通车。外地乘坐火车前往西昌参加文祥追悼会的亲友，部分途中被阻，第二天下午恢复通车后才赶到西昌；部分滞留于成都，因时间延误，只好以电话、电报方式表示哀悼。

这是时间上的巧合，还是老天有意发难？这是苍天痛洒热泪，悲情挽留，泣悼文祥！

丽萍与家人怀着万分悲痛的心情，将文祥的遗体送往西昌市殡仪馆设置灵堂。为等候远在澳大利亚留学的女儿回来与父亲见上最后一面，临时决定将其遗体在殡仪馆停放悼唁五天。

灵堂庄严肃穆，默默含悲致哀；鲜花簇簇环绕，无声哭泣送别；哀乐声声低迴，令人撕心裂肺，肝肠寸断，悲痛欲绝。

悬挂在灵堂大门两边的黑白挽联赫然映入眼帘：生亦医学，死亦医学，生生死死均为骨科医学；来为治病，去为治病，来来去去皆为百姓治病。横联为：一代奇医。

文祥终于结束了一生的劳累，静卧在鲜花丛中，使人陡然想起毛主席的咏梅诗："风雨送春归，飞雪迎春到，已是悬崖百丈冰，犹有花枝俏。俏也不争春，只把春来报，待到山花烂漫时，她在丛中笑。"此时的文祥不正是一朵报春的梅花吗？诗中所说的春天正如他为之奋斗一生的骨科医学事业，风雨和悬崖百丈冰，正是他一生历尽磨难艰苦学医、创业办医的真实写照。当他创造了自己山花烂漫的医学春天时，他却悄然无声地走了。君不见？他正在鲜花丛中向人们依依惜别。

令人惊奇的是，五天的吊唁时间几乎全是阴天阵雨和绵绵细雨天气。这似乎是老天在为这位优秀儿女的不幸逝世大发伤悲，时而放声痛哭，时而低声抽泣，时而注目致敬。其悲其哀，岂亚于人？

社会各界人士，川流不息地从各地赶来，纷纷冒雨前往悼唁。

州市党政各界和各有关单位的领导来了，他生前的同学、同事、亲朋好友来了，他生前医治过的一些病友来了，一些素不相识的普通百姓来了。大家怀着万分悲痛的心情，对这位骨医奇才的不幸逝世深表哀惋送别。

时任州委常委、宣传部长王阿呷同志代表州委、州政府对王文祥的不幸逝世表示沉痛哀悼。她说："王文祥是凉山土生土长、德高望重、深受人民群众爱戴的一代民医，他的逝世不仅是其家庭和王氏骨科医院的一大损失，也是全州医疗卫生事业的一大损失。我们要大力宣传和弘扬王文祥同志的高尚医德医风和精益求精的医疗技术与成就，让更多这样的优秀人才在凉山大地上涌现出来。"

文祥生前好友、省司法厅常务副厅长刘朝宽特意从成都专程赶来为其送葬，并亲笔撰写了一副满怀深情的悼唁挽联：仁爱善真堪比泸山高大巍峨，医术精湛犹如邛海浩瀚深邃。横批：大医精诚。他万分悲痛地说："尽管他是民办医院的院长和医生，但像他这样深受病人和人民群众拥戴的院长与医生，当今打着灯笼火把也难找。我活到50多岁，一生仅哭过三次，前两次是为父母去世而哭，这次就是为文兄去世而哭。他是我心目中的楷模和英雄。无论路途再远、工作再忙，我都要来为他送行。"

州一医院曹院长说："王院长的不幸逝世，令我感到震惊和悲痛，我非常敬佩他的人品和医术，再忙我都要来送别这位好大哥。不仅我个人要献花圈，单位也要献花圈，以表达我们对他的深切哀挽之情。"

王文祥初中的老同学杨开秀无比痛惜地说："他与其说是病死的，还不如说是活活累死的。他要是多为自己着想半点，也不至于这么早就走了啊！"

西昌市海南乡70多岁的王大爷悲痛地说："我今天进城办事，偶然听说王院长病逝，特地赶来悼唁。7年前我因车祸造成大腿骨折，到州上一大医院治疗，医生说必须做截肢手术，而且要交1万元住院费，我既交不起钱，也不愿截肢，只好慕名来找王院长治疗，结果仅花800元钱就治好了。今后我们老百姓有病，哪里再去找王院长这样的好人呀！假如

生命可以交换，我愿用我的命来换回王院长的命。"并当场咏诗一首为祭："大医精诚品德高，救死扶伤美名扬。恩师不幸身仙逝，千人送葬泪滔滔。"

是雨后天晴，还是老天开眼，特意为王文祥送行？6月21日上午在开追悼会和遗体火化时，天空还一直是细雨霏霏，如泣如咽，悲容满面；十时许出殡时，天空陡然放晴，云开雾散，艳阳高照。

早上八点，其亲朋好友和社会各界人士1000余人齐聚在殡仪馆灵堂，隆重举行了王文祥的遗体告别仪式。王氏骨科医院党支部书记金雷，代表医院为王文祥院长致了催人泪下的悼词。

他深情回顾了王文祥的生平事迹，神情凝重而悲痛地说："王文祥是凉山人民的优秀儿女，他来自于人民而深爱人民，植根人民，以其杰出的医学才华报效人民；他是优秀的共产党员，坚持党的理想信念，忠诚于党的事业，自觉同各种弱化诋毁党的领导的错误倾向作斗争，高扬社会正气，一身充满正能量，堪为先锋模范；他是优秀的人民教师，他为人师表，汗洒教坛，孜孜耕耘，桃李遍凉山；他是优秀的人民医生，他大医精诚，一身奇术，手到病除，誉满民间；他是优秀的医疗创业家，白手起家，卧薪尝胆，艰苦办医，造福人民。他不是人民公仆，胜似人民公仆；他不是公立医院的院长和医生，胜似公立医院的院长和医生；他不是科班出身的专家教授，胜似科班出身的专家教授；他不是慈善家，胜似慈善家。他是自学成才、德医双馨的一代民医，一座耸立在人民心中的丰碑！王公不幸随西去，泪飞顿作倾盆雨。王文祥同志虽然离开了我们，但其英灵常在，精神永存！让我们化悲痛为力量，继承他的遗志和未竟事业，奋然前行吧！"

　　告别仪式结束后，其遗体在仪仗队的簇拥下，前往火化。火化后其骨灰被装入骨灰盒，放上灵车，送往安宁憩园安葬。送葬车队宛如一条长龙，沿着西昌市最为繁华、最为古老而又现代的长安大街缓缓前行。文祥生前曾无数次地走过这条他十分熟悉的大街，这是他最后一次经过这条大街，向这座他整整生活了28个年头的城市和人民作最后的诀别。

　　送葬车队在缓缓行进的过程中，街道两旁不时有人和车辆自发地加入进来。在路过城中心的三岔路口时，几位正在执勤的交警见是王院长的送葬车队，立马请假加入进来。送葬车队在大街行进了短短十多分钟时间，便成了一条前不见头，后不见尾的长龙，可谓盛况空前。偌大一个西昌市区，区区一个医院的院长送葬，何以有如此之阵势？这是其人格魅力之所在！这是人民的最好见证！

　　安宁憩园座落在西昌市郊的袁家山半坡上。这
里是西昌市区最大的一处墓地，安葬着不少逝去的
凉山各界知名人士和普通百姓。这里山青水秀，绿
树成荫，在此居高望远，西昌城区一览无余，尽收
眼底。王文祥在这里安息长眠，可以永久地见证这
座城市的发展变化，依然如生前一样永远地护佑着
这里的人民。

　　其墓地位于憩园中央，与原凉山州第一人民医
院院长、六十年代末毕业于北京医学院的著名彝族
外科专家曲木中国的陵墓相邻，他俩生前既是同乡
同行，又是好友，死后又是邻居，可谓是在冥冥之
中的不解之缘。而今，他俩在结束一生的劳累之后，
终于又可以重新在一起探讨为之挚爱与献身的医学
了，相信他俩永远不会寂寞。

　　王文祥的坟位正如丽萍在其病危中所承诺的一
样，购置的是双坟位，按照中国人男左女右的习惯，
将其安葬在左边一方，离曲木中国更近。墓碑为一
块四尺见方的正方形花岗石碑体，墓碑前面是一块
高宽二尺左右见方、呈30度斜面的深红色花岗石基
座，上边用金黄色的魏碑字体镌刻着简短的碑文。

碑文末尾将王文祥一生概括为十六个金光闪闪的大字：悬壶济世，治病为民；千古奇术，一代民医。

这正是：

医星陨落天地悲，千人送别泪纷飞。

孑然而来孑然去，风范长存民心扉。

大山民医

尾声
后继之光

有诗为证：

自古创业守成难，兴衰成败转瞬间。

物是人非整十载，王氏骨科今安然？

女杰掌舵承遗志，擦泪挥戈再登攀。

众志成城创二甲，八上台阶谱新篇。

捷报频传慰英灵，王公在天当欢颜。

斗转星移，岁月如斯，物是人非。

弹指挥间，文祥逝世已经整整十一年。十一年来人们都在关心：在离开文祥的日子里，王氏骨科医院的发展如今怎样？

令人欣慰的是：文祥似乎并没有离开医院，医院也没有离开文祥。

——医院将每年6月16日王文祥的忌日定为纪念日，每年组织全院员工为之扫墓祭奠，纪念缅怀，借以教育勉励员工和后人。

——他用过的办公桌凳，他生前抱病整理装箱的医学书籍、科研材料、学习笔记，依然默默地待在那里，似乎还在等待它的主人归来；他未写完的点穴治病奇术的遗稿还静静地躺在那里，似乎还盼望着他来继续写完。

——他所创造的王氏中医特色医疗技术，已在医院生根、发芽、开花、结果，成了医院根深叶茂，熠熠生辉，长盛不衰的法宝。

——他的人格魅力和思想精神已经深深地融入了员工的血液和灵魂。人们一提起王院长，依然热泪盈眶，肃然起敬。他已成了员工们永远道不完的话题，摆不尽的故事，成了他们心中永远的丰碑和传奇。

令人振奋的是，全院员工在继任院长文丽萍的带领下，继承老院长遗志，正在浓墨重彩地续写王氏骨科新的辉煌：

——基础设施建设跃上新台阶，十三层的医院综合新大楼建成投入使用。

——正规化建设跃上新台阶，医院通过相关部门的检查评审，在全州民营医院中第一个晋级为国家二级甲等民营专科医院。

——信息化建设跃上新台阶，引进了医疗信息

数字化系统，实现了全信息化数字操作，将医院的信息化建设提升到了一个全新的水平。

——技术交流合作跃上新台阶，先后与省级多家大医院建立了战略协作关系，举办了全省、全州性的一系列大型骨科医疗技术交流活动；邀请华西医大名专家来院开展了凉山首例颈椎手术、首例关节返修手术和首例腰椎手术。

——业务培训跃上新台阶，聘请省骨科医院的名专家来院举办业务技术讲座，使全院的业务技术水平跃上了一个新台阶，在全州医疗机构中第一个成功开展了椎间孔镜手术。

——设备建设跃上新台阶，引进了凉山首台惠尔G臂诊断检查设备。

——集团化发展跃上新台阶，王氏骨科医疗集团盐源分医院、越西分医院、喜德分医院先后挂牌开业，使王氏医业的发展进入了一个新的里程碑。

——扶危济困跃上新台阶，先后开展了一系列义诊义捐、支援灾区、扶贫助学和联系帮扶贫困村等社会公益活动，赢得社会广泛赞誉。

文丽萍院长由此殊至荣归，先后当选为州政协委员、常委，凉山州工商联合会副会长、四川省民营医疗协会副理事长，先后荣获凉山州劳动模范、三八红旗手、巾帼创业建功先进个人、感动西昌优秀人物等荣誉称号。

现在可以告慰王公：王氏骨科医业的后继者和员工没有让其失望。他若在天堂有知，应当为此感到笑慰。

这正是：

<blockquote>
文祥忘命铸辉煌，萍妻承志启新程。

王公在天当笑慰，创业自有后来人。
</blockquote>

大山民医

尾声

大山民医

特别致谢

在本书撰写过程中，先后得到了重庆市作家协会理事曾祥明、中共眉山市委宣传部原常务副部长宋明刚、凉山州文化旅游协会会长陈甫林、凉山州社科联原副主席梁志德、凉山州民族宗教和法制群团委原主任杨丰明等同志的盛情指导与帮助。尤其是凉山宣传网站站长宋明同志耗费数年心血，做了大量补充调查和收集整理工作。在此，一并谨致诚挚敬意和衷心感谢。